개정판

자녀와 함께하는

유쾌한 영어교육

Fun English Teaching for Kids

2009년 경기이러닝센터 콘텐츠 공모전 당선작

경기이러닝센터(http://igec.inha.ac.kr/)와 한국교육학술 정보원 KOCW(http://www.kocw.net/home/search/kemView.do?kemId=326957)에서 콘텐츠 열람 가능

개정판

자녀와 함께하는

유쾌한 영어교육

(Fun English Teaching for Kids)

홍선미 지음

한국문화사

≪개정판≫
자녀와 함께하는 유쾌한 영어교육
(Fun English Teaching for Kids)

1판1쇄 발행 2006년 11월 30일
2판1쇄 발행 2016년 10월 30일

지 은 이 홍 선 미
펴 낸 이 김 진 수
펴 낸 곳 **한국문화사**
등　　록 1991년 11월 9일 제2-1276호
주　　소 서울특별시 성동구 광나루로 130 서울숲 IT캐슬 1310호
전　　화 02-464-7708
전　　송 02-499-0846
이 메 일 hkm7708@hanmail.net
홈페이지 www.hankookmunhwasa.co.kr

값 12,000원

ISBN 978-89-6817-419-3 93740

|머리말|

자녀와 함께하는 유쾌한 영어교육

21세기 국제화, 정보화 시대에 영어교육의 필요성이 대두되고 있는 이 시점에 부모님들은 조기영어교육, 해외 조기유학 등으로 자녀들의 영어교육에 관심을 쏟고 있다. 영・유아기부터 자녀에게 좀 더 쉽고 자연스럽게 영어에 친숙해질 수 있도록 여러 가지 방법을 강구하는 부모님들의 적극적인 관심이 실제적으로 영어교육자료를 구입하면서 또는 영어교육프로그램을 들려주면서 영어적 환경을 만드는 방법으로 나타나고 있다. 외국어 환경인 한국에서 자녀들의 영어 향상에 고민하는 부모님들의 마음을 헤아려 자녀에게 좀 더 쉽고 재미나게 영어를 익히게 하는 방법이 없을까? 집중력이 오래 지속되지 않고 쉽게 싫증을 내는 아동들의 특성에 맞는 다양한 방법에는 어떤 것이 있을까? 하는 의문점을 중심으로 부모님들의 고민을 덜어드리고자 가정에서 쉽게 이용할 수 있는 다양한 활동을 제시하고자 한다.

아동 영어 지도의 처음 도입 시기는 재미있는 활동을 통하여 영어에 대한 친숙함과 자신감을 심어주도록 노력해야 하고, 영어에 대한 흥미와 관심을 지속적으로 유지시켜 주는 것이 중요하다. 이러한 분위기와 학습태도는 향후 초등영어교육으로 이어져, 영어 구사능력을 향상시키는 첫 걸음이 될 수 있도록 해야 한다. 아동영어 놀이지도의 목표(정동빈, 2004)는 외국어로서 영어에 흥미와 관심을 갖고 학습하여 모국어와 다른 새로운 영어세계에서 의사소통을 할 수 있는 능력을 기르는데 있다. 아동이 이런 다른 외국세계의 언어를 기본적으로 표현하고 이해하기 위해서는 첫째로 아동의 언어발달과 다양한 활동 지도의 특성을 파악하여, 둘째로 우선 활동중심의 이해지도를 우선 실시하여야 하며 쉬운 말부터 잘 듣고 이해능력을 배양하도록 해야 한다. 셋째로 간단한 내용의 음절을 스스로 듣고 이해하는 능력을 배양하도록 해야 한다. 넷째로 이해력을 기른 후에 자유자재로 반응할 수 있는 의사소통의 자신감을 기르도록 해야 한다.

먼저, 부모님들이 가정 내의 영어교사로서 알아야 하는 간단한 이론적 배경을 제시하고 실제적인 자료와 그 활용방법을 활동별로 보여드리고자 한다. 첫 번째 장에서는, 가정에서의 영어학습자인 아동에 대한 기본적인 특성을 먼저 파악하고 그러한 특성을 토대로 적절한 자료와 교수방법 그리고 활용법 등을 선정해 나가야 한다는 부분을 다룬다. 두 번째 장에서는, 언어란 무엇이고 어떻게 학습이 되어지는지 언어학습에 영향을 미치는 요인은 무엇인지 학자들의 이론을 중심으로 정리해 본다. 세 번째 장에서는, 학교나 학원에서 아동을 위한 영어 교육 시 가장 많이 사용되고, 기본이 되는 챈트에 대해 설명하고 실제 사용되고 있는 챈트를 연령별로 구분을 지어 배워본다. 네 번째 장에서는, 아동들이 좋아하는 노래를 통하여 영어를 향상시키는 활동에 대해 정리하고 많이 불려지는 노래들을 수준별로 구별하여 같이 배워본다. 다섯 번째 장에서는, 손유희와 몸동작에 대한 교육적 효과와 실제적인 손유희 활동을 같이 배워본다. 여섯 번째 장에서는, 동화를 이용한 영어학습은 어떤 효과가 있고 어떻게 진행하는 것이 좋은지 그 활용방안을 제시하고 아동이 좋아하는 동화들을 다룬다.

일곱 번째 장에서는, 어떤 주제든지 어떤 내용이든지 모두 적용해서 만들어 볼 수 있는 아동들이 좋아하는 방법 중의 하나인 게임에 대해 정리하고 실질적으로 해볼 수 있는 재미있는 게임을 제시한다. 여덟 번째 장에서는, 역할놀이와 무언극의 교육적 효과를 다루고 실제적인 자료를 배워본다. 아홉 번째 장에서는, 드라마를 통한 영어교육효과를 정리하고 실질적인 드라마 대본을 가지고 같이 배워본다. 열 번째 장에서는, 언어보다는 창의적인 부분을 향상시키는 창작놀이를 통해서 실제 의사소통에 중점을 둔 영어지도 방법을 알아보고 실질적으로 쉽게 할 수 있는 창작놀이들을 배워본다. 열한 번째 장에서는, 영어의 기초인 알파벳 놀이의 학습효과와 활용방법 그리고 파닉스 지도에 대해서 알아보고 여러 가지 놀이방법과 지도방법을 제시한다. 열두 번째 장에서는 멀티미디어 활용의 학습효과와 활용방법 그리고 멀티미디어의 종류에 대해서 알아보고 실질적인 자료를 같이 배워본다. 마지막 장에서는, 가정에서 자녀에게 영어를 가르칠 때 가장 많이 쓰이는 영어적 표현을 상황별, 장소별로 제시하여 부모들이 영어지도를 하면서 적절한 영어표현을 쓸 수 있도록 배워본다.

이 책을 만들기까지 이론적인 부분을 참고할 자료를 추천해 준 동료 교수님들과 실질적으로 유치원이나 영어학원에서 사용하고 있는 현장 자료를 추천해준 선생님들에게 감사의 뜻을 전한다. 그들의 협조 없이는 본 책이 완성되지 못했을 것이고, 현장감이 없었을 것이다. 아울러 재판을 가능하게 해준 한국문화사에도 감사의 뜻을 표한다.

이 교재의 내용으로 2009년 경기이러닝센터 콘텐츠 공모전에 당선되어 교육용 콘텐츠로 연구개발되었으며, 경기이러닝센터 홈페이지(http://igec.inha.ac.kr/)에서 개발된 콘텐츠를 문의할 수 있고 한국교육학술 정보원에서 관리하는 KOCW 홈페이지(http://www.kocw.net/home/search/kemView.do?kemId=326957)에서 개발된 콘텐츠를 열람할 수 있다. 같이 연구에 참여해준 용인대학교 영어과 차혜경 교수님에게도 감사의 뜻을 전한다. 진작 개정판을 내야 했는데 여의치 않아서 이번 기회에 10년 만에 수정하여 진행하게 되어 기쁘다.

2016년 10월
10년을 돌아보며
저자 홍 선 미

차 례

Lesson 1 아동의 특성과 아동 영어교육의 방향

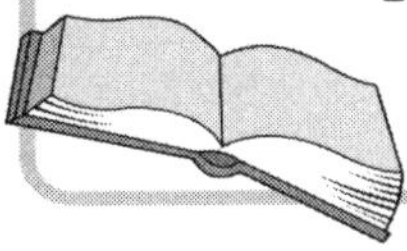

자녀의 영어교육에 관심이 많은 부모님들은 점점 스스로 직접 자녀의 영어교육을 담당하고자 한다. 그러기 위해서는 먼저 자녀의 아동 시기의 특성을 잘 파악하고 있어야 한다. 내 자녀가 어떤 특성을 가지고 있는지 먼저 분석하여 그 특성에 부합하는 자료와 지도방법을 찾아가고 또한 개발해 나가야 한다. 아동의 교육현장을 담당하고 있는 교사와 아동교육을 담당하는 전문가들의 임무이지만 외국어 환경인 한국에서 좀 더 영어를 접할 수 있는 환경을 만들어 주고자 하는 부모님들의 당면 과제이기도 하다. 현재 이루어지고 있는 아동영어교육 특히 초등영어교육을 중심으로 정리하고 앞으로의 방향 또한 제시하고자 한다.

제1강 아동의 특성

학습개요

1. 아동학습자의 특징
2. 아동영어 학습자
3. 인지 발달 단계
4. 아동의 발달 특성
5. Halliwell(1992)의 견해
6. 아동영어 교육에서의 유의점

1. 아동학습자의 특징

- 개별적 단어를 정의하지 않아도 의미를 번역하는 데 뛰어나다.
- 제한된 언어를 창조적으로 사용하는 기술을 가지고 있다.
- 직접적으로보다는 간접적으로 더 잘 배운다.
- 자신들이 하는 일에 재미를 찾고 만드는 데 큰 즐거움을 가진다.

- 상상력이 풍부하다.
- 말하는 것에 큰 기쁨을 느낀다.

2. 아동영어 학습자

- 아동: 만 5세~12세
- 한국 학생의 초등학교 시기: 만 7세~12세
- 초등영어교육의 대상인 고학년: 9~12세
- 초등영어학습자
  - 완전한 백지 상태가 아니다.
  - 초등학생들은 영어를 배우는 데 큰 도움이 되는 여러 가지 능력과 기능, 특징을 이미 갖추고 있다.
  - 이미 알고 있는 것이 아직 모르고 있는 것으로 확장되어 가는 것이다.
  - 갖추고 있는 여러 가지 능력을 잘 이용해야만 효과적인 교육이 가능하다.

3. 인지 발달 단계

- 감각운동기
  - 출생-만2세: 반사기, 환경반응기
  - 18개월-24개월: 인지적 표상화 가능
- 조작기(만 2세-7세)
  - 전개념적 단계(2-4세) + 직관적 단계(4-7세): 개념이 발달하는 초기단계, 심상이 나타남.
- 조작기(7세 이후)
  - 구체적 조작기(7세-11/12세): 정신활동이 조직화된다.
  - 형식적 조작기(12세 이후): 추상적인 규칙을 쓸 수 있음.

4. 아동의 발달 특성(Scott & Ytreberg, 1990)

- 유치원 아동(5-7세)의 발달 상태의 특징
  - 자신이 하고 있는 일에 대해 이야기할 수 있다.

- 무엇을 했는지, 무엇을 들었는지를 말할 수 있다.
- 자신에게 맞는 수준의 일을 계획할 수 있다.
- 자신이 생각하고 있는 바를 이야기할 수 있다.
- 어느 정도 논리적인 추리를 할 수 있다.
- 상상력을 동원할 수 있다.
- 모국어의 본질적 감각을 거의 익히고 있다.
- 인간사의 직접적 상호작용을 이해할 수 있다.
- 세상에는 모든 사람들이 따라야 하는 규칙이 있다는 것을 안다.
- 언어 자체보다는 언어가 사용되는 상황을 보다 빨리 이해한다.
- 언어의 서로 다른 기능을 알지는 못해도 이미 사용하고 있다.
- 손과 눈과 귀를 통해 이해가 이루어진다.(추상적인 과념보다는 구체적 세계가 우선)
- 일의 진행 순서 등에 관해서는 논리적으로 잘 안다.
- 집중할 수 있는 시간적 길이가 매우 짧다.
- 사실과 허구를 명확하게 구분하지 못한다.
- 독점욕이 강하고 남의 입장에서 사물을 보지 못한다. 완전히 혼자보다는 주변에 다른 아동이 있는 가운데 혼자 하기를 좋아한다.
- 아동의 세계는 어른의 세계와는 달라서 어른들이 의도하는 대로가 아닌, 자신이 이해한 대로 행동하는 경우가 있다.
- 자신이 잘 모른다는 것을 인정하려 하지 않는다.
- 무엇을 배워야 할지 스스로 결정하지 못한다.
- 놀이를 좋아하며, 하는 일에 즐거움을 느낄 때 가장 잘 배운다.
- 칭찬을 받은 일은 더 열심히 열정적으로 한다.

• 초등학교 아동(8-10세)의 일반적인 특징
- 기본적인 개념들이 형성되고, 자신의 생각을 갖는다.
- 사실과 허구의 차이를 안다.
- 항상 질문을 한다.
- 의미의 전달과 이해를 위해 구어와 구체적인 사물을 이용한다.
- 자신의 학습에 대해 어느 정도 결정을 내릴 수 있다.

- 좋고 싫음이 분명해진다.
- 공정성이 무엇인지 알고, 교사의 결정에 질문하기도 한다.
- 다른 학생과 함께 활동할 수 있고, 다른 학생에게서도 배울 수 있다

5. Halliwell(1992)의 견해

• 의미파악능력
- 단어 하나하나의 정확한 의미를 정의하지는 못해도 말의 의미를 전체적으로 파악하는 능력이다.
- 잘못 알아들었거나 잘 이해하지 목한 말은 자신의 목적에 맞게 되묻거나 확인하는 등 기본적인 의사소통 전략을 사용할 줄 안다.
- 순전히 말로만 지시하거나 정보를 전달하려 하면 잘 알아듣지 못하는 경우가 있다.
- 영어를 가르칠 때: 전혀 새로운 것을 전혀 새로운 방법으로 배우는 것이 아니라 학생들이 한국어를 배운 경험과 기술을 적극적으로 이용할 수 있도록 도와주어야 한다.

• 창의적 언어 사용 능력
- 제한적인 언어자료로 자신의 목적에 맞게 창의적으로 이용할 줄 안다.
- 문법이나 개념도 곧잘 자기들 마음대로 만들어서 사용한다.
- 창의적인 언어사용 기술은 영어를 가르칠 때 적극 장려해야 할 사항이다.
  ▸의사 전달을 하려는 욕구를 가지고 자신의 의사를 영어로 표현하려고 하는 기회를 많이 만들어 주고, 특정 학습활동을 시킬 때에는 필요한 영어의 언어적 요소에 대한 예측이 불가능하도록 함으로써 적극적으로 자신의 영어를 발화하려고 하는 기회를 많이 만들어 주어야 한다.

• 간접 학습의 능력.
- 초등학교 수준의 학생은 직접적으로보다는 간접적으로 배우는 경우가 흔하다. 직접적, 의식적으로 배운 내용이 정확성을 도모한다면, 간접적, 무의식적으로 배운 것은 실제의 언어사용 상황에서 즉각적이고 유창하게 사용될 수가 있다.
- 단순히 언어 습득을 하기 위한 것이 아닌, 말할 만한 가치가 있고 실제로

해 볼 만한 재미가 있는 '실제적인 과제'를 부여하는 것이 매우 중요하다.

- 스스로 흥미를 창출하는 능력
  - 친구들과 함께하는 일 속에서 재미를 발견하거나 재미를 만들어 내는 능력이 뛰어나다.
  - 놀이를 본능적으로 좋아한다. 풍부한 상상력을 가진다.
  - 상상하고 환상에 젖는 데 큰 기쁨을 느낀다.
  - 자기 주변의 세계를 이해하고 나름대로의 의미를 찾느라고 매우 분주하다.
  - 상상이나 가상의 세계를 자신들의 언어로 표현해 보고 싶어 하고, 또 실제로 표현해 보기도 한다.
- 왕성한 활동성
  - 또래와 같이 활동하고 함께 이야기하기를 본능적으로 좋아한다.
  - 끊임없이 이야기하고 끊임없이 움직인다.
  - 말을 하지 않고 말하기를 잘 배울 수는 없다.
  - 영어를 사용할 수 있는 능력은 매우 초보적인 단계에서부터 영어를 사용하게 함으로써 효과적으로 개발할 수 있는 것이다.

6. 아동영어 교육에서의 유의점

- 말로만 가르치는 것으로는 불충분하다.
- 언어 놀이를 이용해야 한다.
- 언어에 대한 인식을 갖게 해야 한다.
- 다양성을 추구해야 한다.
- 친숙한 것을 반복적으로 사용해야 한다. 경쟁보다는 협조가 우선하도록 한다.
- 꼭 필요한 경우 문법도 가르친다.
- 초등영어에서는 교육의 목표 및 내용의 설정, 학습지도 자료의 제작, 교수의 방법 등에 있어서 위와 같은 특성들을 긍정적, 건설적으로 이용할 수 있도록 해야 할 것이다.

제2강 아동영어교육의 방향

학습개요

1. 영어의 필요성
2. 영어교육적 상황
3. 유치원에서의 영어교육
4. 초등학교에서의 영어교육
5. 한국어와 영어의 차이점과 공통점
6. 조기외국어 교육
7. 한국에서 영어를 잘 배우기 어려운 이유
8. 영어교육의 방향

1. 영어의 필요성

- 국제화, 개방화의 시대.
- 국제간의 교류 없이 생존이 불가능함.
- 국제회의, 상업, 여행, 정보교환의 주된 수단으로서의 가치와 필요성.
- 전 세계 라디오 방송의 60%, 우편물의 70%, 전화동화의 약 85%, 약 7억 개의 컴퓨터에 들어있는 정보의 80%가 영어로 되어 있음.
- 세계 모든 나라에서 자신들의 생존과 번영에 필수적인 전략적 자산이 된다.
- 성공을 위한 필수 불가결한 투자로 인식됨.

2. 영어교육적 상황

- 외국어 환경(EFL: English as a Foreign Language)-교실 밖에서 지속적으로 영어를 생각하고 사용할 기회가 거의 없음.
- 제한적이고 부실한 교육여건-학생 및 교사의 동기문제, 교사의 질 문제, 교재 및 보조 자료의 개발보급문제, 설비 및 시설 확보 문제, 기타 교과적인 지원 체제의 확보 문제 등.
- 설익은 문화 식민지화의 위험을 초래- 한국적 문화관가치관의 미형성으로 인한 서양 가치관의 부정적인 영향.

3. 유치원에서의 영어교육

- 영어교육에 대한 법적 근거는 제시되고 있지 않음.
- 第6차 유치원 교육 과정(교육부, 1998)에서 다문화 이해에 대한 내용이 포함될 것을 명시함.
  - 다문화 이해 중, 다른 나라 언어에 대한 이해의 맥락에 영어교육의 근거를 둔다.
  - 유아교육과정의 통합적 접근과 유아 단계에서 다루는 단원: 우리나라와 다른 나라 등에서 찾아진다.
- York(1996)
  - 다른 나라에서 사용하는 언어는 하나의 문화이다.
    사회, 언어의 영역을 넘나들 수 있는 통합적 접근으로 이루어지는 것이 바람직하다.
    문화에 따라서 의사소통하는 방법, 애정을 표현하는 방법, 식탁예법 등을 아는 것도 언어(영어)와 함께 다른 문화를 배우는 기회가 된다.

4. 초등학교에서의 영어교육(교육부, 1996)

- 1982년: 초등수준에서 특별활동시간에 영어교육을 할 수 있게 됨.
- 1995년: 제6차 교육과정
  - 특별활동+학교재량시간(영어선택가능)
  - 초등학교 3학년부터 주당 1시간의 '영어 등'을 가르칠 수 있다고 명시함.
- 1997년: 초등학교 3학년부터 순차적으로 주당 2시간씩 영어를 정규교과로 가르치기로 기본방침 발표.
- 2000년: 제7차 교육과정
  - 영어교과에서 기본적인 낱말 수 초등 4백 50단어를 익히도록 함.
- 2006년: 개정 제7차 교육과정
  - 영어교과에서 기본적인 낱말 수 초등 5백 단어를 익히도록 함.

5. 한국어와 영어의 차이점과 공통점

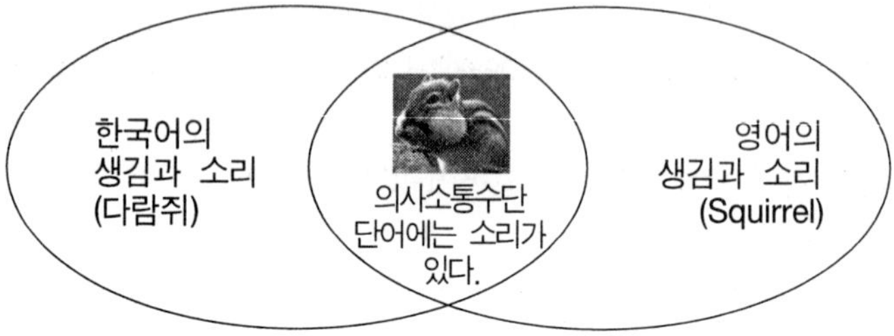

6. 조기외국어 교육

- Erasmus, Montaigne, Locke: 어린아이가 어른보다 외국어를 보다 쉽게 배운다는 것은 오래 전부터 관찰되어짐.
- 1950~60년대: 최적 연령설(optimal age theory), 결정적 시기설(critical period theory)
- 어린아이가 어른보다 외국어를 보다 빨리, 그리고 보다 쉽게 배운다는 설.
- Chomsky(1965), Slobin(1966), McNeil(1966): 언어습득장치(Language Acquisition Device)가 생득적으로 존재한다는 가설.
- LAD: 설명할 수 없는 블랙박스로 일반적으로 1.5세~6세 사이에 가장 황성하고, 13~14세쯤부터는 쇠퇴함.
- Lenneberg(1967): 생리학적 접근을 시도하여, 2세부터 사춘기(여:12~13세, 남:13~14세)전까지가 언어학습의 최적기 또는 결정적 시기라고 추정한다.
  - 측면화 현상(Lateralization): 인간의 두뇌가 좌우 두 개의 반구로 나누어져 각 반구마다 그 자체의 고유한 역할을 담당함으로써, 외부자극에 대하여 각 반구가 각각 다른 두뇌기능을 보이는 양분화 기능 현상의 총체를 가리킨다.
- Brown(1980): 모든 인간은 자신을 이해함에 있어 자아(ego)를 보호하려는 방어기제(defense mechanism)를 가지나 어린이는 방어적인 억제심리(자아방어심: inhibition)가 어른에 비해 적다.

7. 한국에서 영어를 잘 배우기 어려운 이유

- 언어적 이유
  - 발음에 있어 조음방법이 다른 것이 많고, 두 언어에 같이 존재하지 않는 발음도 많고, 사고방식이나 사물에의 접근 방식이 다르며 어순도 다름. 의미의 표현 방법과 표현 양식도 다름.
- 교육 여건적 이유
  - 언어의 본질적 성격과 기능에 맞게 가르칠 교사양성 미흡.
  - 학생들이 영어에 접하거나 사용할 수 있는 기회 제한.
  - 외국어 환경 속에서 과밀 학급 수업.
- 언어 환경적 이유
  - 외국어 환경: 일상적으로 영어를 접할 일이 별로 없고, 한국에서 일상생활을 하는 데 영어를 모른다고 해서 그렇게 불편한 점이 없기 때문에, 영어를 접할 기회를 만들 필요도 없는 점.
- 개인적 이유
  - 학습동기의 저조: 제2언어로서의 영어교육방법이나 교육내용, 교육자료 등을 그대로 도입하여 사용하기 어려움.

8. 영어교육의 방향

- 외국어로서의 영어교육의 목적은 과학 기술 등의 지식 정보를 얻거나 교역이나 문화 교류 등을 증진시키는 것이다.
- 미국이나 영국 사람들뿐만 아니라 영어를 쓰지 않는 다른 나라 사람들과의 의사소통의 수단으로 사용할 기회가 더 많다.
- 영어교육의 초기 단계에서는 어느 한 종류의 영어를 표준으로 삼아야 하나, 거시적으로 볼 때는 미국식 영어, 영국식 영어 보다 전 세계 사람들이 쓰는 영어를 듣고 이해할 수 있는 다양한 종류의 영어를 접할 필요가 있다.
- 한국 상황에 맞는 교수목표나 교육내용, 교수방법, 교육자료 등을 개발하고 적용해야 할 것이다.

Quiz

Q1. 다음의 용어를 설명하시오.

▸최적 연령설 혹은 결정적 시기설

▸언어습득장치

Q2. 아동학습자의 특징이 아닌 것은? (　　)

① 개별적 단어를 정의하지 않아도 의미를 번역하는 데 뛰어나다.

② 제한된 언어를 창조적으로 사용하는 기술을 가지고 있다.

③ 간접적으로보다는 직접적으로 더 잘 배운다.

④ 자신들이 하는 일에 재미를 찾고 만드는 데 큰 거움을 가진다.

Q3. 아동학습자의 인지발달 단계를 설명하시오.

Lesson 2 언어란

영어학습자인 아동의 특성을 살펴보았는데 영어를 잘 배우게 하고 잘 지도하기 위해서는 언어의 본질을 잘 알고 있어야 한다. 언어는 무엇이고 언어는 어떻게 학습 되어지는가를 통해서 자녀에게 가장 적절한 학습이론이 무엇이고 어떻게 하는 것이 가장 좋은 방법이 될 수 있는지를 생각해 보아야 한다. 그리고 언어학습에 영향을 주는 여러 가지 요인들이 있다. 그 요인들을 정리하면서 모두가 다 결정적인 역할을 한다고는 할 수 없지만 그렇다고 간과할 수 없을 정도의 중요도가 있다. 이론적으로 전공용어들이 많이 나오는 부분이지만 자세히 들어보면 일반적으로 영어에 관심을 가지고 있는 부모님들은 다 사용하고 있는 용어이기도 하다. 아동 영어교육에서 사용되는 용어들의 명확한 개념을 파악하는 계기가 되길 바란다.

제1강 | 언어의 성질

학습개요

1. 언어의 기본적 성질
2. 언어의 본질적 기능
3. 모국어 습득과 외국어 습득
4. 언어습득에 대한 견해 점검표
5. 모국어 발달

1. 언어의 기본적 성질

- 인간이 상호간에 의사나 의미, 감정, 느낌 등을 전달하고 받기 위해 '습관적으로 사용하는 임의의 구두 청각적 상징체계임.
- 커뮤니케이션의 수단.
- 음성언어가 문자언어에 우선함.

- 사회적임-의미 잠재력(meaning potential)
  - I think I'll go out for a walk. It's raining.
  - It's raining. I think I'll go out for a walk.

2. 언어의 본질적 기능

- 고전적 견해: 문학적 견해-지식이나 정보 소통에 사용되기보다 고전의 이해 등과 같은 문학적인 기능으로서 사용됨.
- 기술적 견해: 구조주의 언어관(1930)- 객관적으로 관찰되는 그대로 과학적으로 분석하려는 태도를 견지함.
- 생득론적 견해, 인지주의적 견해
- 오늘날: 언어의 역할과 기능-지식과 정보의 교류 및 교환을 위한 수단, 즉 의사소통의 수단.
- 의미도 중요하지만 언어 형태도 중요함.

3. 모국어 습득과 외국어 습득

- Krashen(1982)
  - 습득(acquisition): 언어를 사용할 수 있는 능력을 결과로 가지는 잠재의식적 과정-모국어를 배우는 경우.
  - 학습(learning): 언어에 관한 지식만을 갖게 되는 의식적 노력의 결과-제2 언어를 배우는 경우.
- Bruner(1977)
  - 모국어 습득: 적극적이고 능동적인 언어 학습자와 똑같이 적극적이고 충동적인 언어 교사간에 일어나는 문제 해결의 과업(Problem-solving transactional enterprise).
  - 주로 아동의 요구에 의한 어머니와 아동간의 상호활동의 중요성을 강조함.
- Brumfit(1984)
  - 아동은 모국어 어휘의 내재적 기능을 창의적으로 이용한다고 봄.
- Hulstijin(1990)

- 모국어 습득은 묵시적이고 부수적인 과정으로 봄.
  아동이 사용하는 언어에 전혀 주의를 기울이지 않는다면 습득은 일어날 수 없음.
- 아동의 모국어 습득과정: 가설의 설정 및 검증의 과정을 거치는 것 같음.
- 외국어 학습은 모국어 습득과는 달리 의도적인 학습의 요소를 많이 가지고 있다고 볼 수 있음.

4. 언어습득에 대한 견해 점검표

- 언어는 주로 모방을 통하여 습득된다.
- 부모들은 어린 자녀들이 문법적 실수를 하였을 때 수정해 준다.
- IQ가 높은 사람들이 언어 학습에 있어 뛰어나다.
- 성공적인 제2언어 습득에 있어서 가장 중요한 것은 동기이다.
- 학교에서 제2언어를 빨리 배울수록 성공할 수 있는 가능성이 높다.
- 제2언어 학습자들이 만드는 대부분의 실수는 모국어에 의해 방해(영향)을 받는다.
- 교사들은 문법적 규칙을 한 번에 하나씩 제시해야 한다. 학습자들은 다른 것으로 진행하기에 앞서 각각 배운 것의 예를 연습해 보아야 한다.
- 교사는 복잡한 언어구조를 사용하기 전에 단순한 언어구조를 사용해야만 한다.
- 학습자들의 실수는 잘못된 습관으로 형성되기 전에 실수가 있자마자 수정되어야 한다.
- 교사는 교재를 사용함에 있어서 이전에 가르쳤던 언어구조만을 다루고 있는 것을 사용해야 한다.
- 학습자는 자유롭게 상호작용이 이루어질 때 서로의 잘못을 배운다.
- 학생들은 가르친 것을 배운다.

5. 모국어 발달

▸ 모국어로서의 영어 발달 순서

- 연령과는 상관없이 발달 순서에 따라 언어를 습득함. 개개인의 특성에 따라 속도의 차이가 있음.

- 발달 순서
  - 진행형(ing)
  - 복수형(plurals)
  - 불규칙 과거형(irregular past: went)
  - 소유격(possessive: 's)
  - 연결사(copula)
  - 관사(articles: the, a)
  - 규칙, 과거형(regular past: -ed)
  - 3인칭(3rd person: she runs)
  - 조동사(auxiliary: be-he is coming)
- 영어의 부정문 발달 순서
  - No go. No cookie.
  - Daddy no comb hair.
  - I can't do it. He don't want it.
  - She doesn't want it; I don't have no more.
- 영어의 의문문 발달 순서
  - Cookie?
  - Mommy book?(Where's daddy?)
  - You like this? Why you catch it.
  - Do I can have a coolie?
  - Where I can draw them?
  - Why he can't go out?
  - I don't know why can't he go out.
  - I don't know why he can't go out.

▸듣기-시각적 변별력 및 청각적 변별력(이경우외, 2001)

- 짝짓기(matching)
- 어휘확장(vocabulary enrichment)
- 이름 붙이기(nomenclature)

- 패턴인식(patterning)
- 순서 알기(sequencing)
- 분류하기(classification)

▸ 말하기-구두 언어(Cullinan, B.E. & Galda, E., 1994)

	2세	3세	4세	5세
평균 어휘수	50-200	700-900	1000-1500	2000-2500
문장 길이	2단어(전보식) 모방	과거형	5-6단어	6+단어
시 제	끝부분 올림	일반화	과잉 일반화	과잉 일반화
접속사		그리고	그러나, 왜냐하면	좀 더 복잡
질 문	반복, 리듬 있는 언어	'누구' '무엇'	'언제' '왜'	↓
언어놀이	놀이처럼 순서를 지킴	단어와 문장 창안	말놀이, 리듬, 단순한 이야기	유머, 농담 이야기 꾸미기
상호 의사소통	같은 단어 반복	혼자 말함. 다른 사람에게 말함	→	자신, 친구, 성인에게 말함
어휘의 복잡성	다른 단어와 조합	복합적으로 확장	–	–

▸ 읽기

- 초기의 읽기는 문자와 소리를 연계 짓는 것으로 시작됨.
- 알파벳 소개
  - 자음(consonants): 자음으로 시작하는 단어, 복합 자음 단어
  - 모음(vowels): 단모음, 장모음
  - 직관적 단어(sight words)
- 파닉스(Phonics)
  - 분리된 하나의 규칙으로 소개하기보다는 좋은 그림책이나 활동 등을 통해서 자연스럽게 소개되어야 함.
  - 연습이 아닌 흥미 있는 활동으로 소개되어야 함.

▸쓰기: 글자 만들어보기

- 추상적인 단어와 언어를 이해하는 단계가 아님.
- 다른 사람이 써 놓은 글자보다 자기가 만들어 본 글자를 쉽게 이해함.
  - 블록을 가지고 조합함으로써 글자를 만듦.
  - 컴퓨터 자판을 가지고 조합함으로써 글자를 만듦.
  - 글자틀, 모래 글자, 낱글자, 글자가 인쇄된 블록, 알파벳 도장 등.
- 읽기 이후에 쓰기를 소개하나 쓰기를 먼저 하고 읽기를 하거나 쓰기와 읽기를 함께 하는 것도 바람직함.

제2강 | 언어 학습 이론

학습개요

1. 언어 학습 이론
2. 행동주의 이론(Behaviourists' view)
3. 생득론자 이론(Nativsits' view)
4. 인지주의 이론(Cognitivists' view)
5. 중간언어 이론(Interlanguage view)
6. 상호작용주의 이론(Interactionists' view)

1. 언어 학습 이론

- 조건화의 역할을 강조하는 행동주의자들의 견해.
- 사람이 선천적으로 타고나는 언어능력을 강조하는 생득론자들의 견해.
- 논리적, 지적인 학습과정을 강조하는 인지주의자들의 견해.
- 학습자 자신과 그 학습자가 취하는 학습 전략을 강조하는 중간언어 주창자들의 견해.
- 인지적, 사회적인 필요, 목적 및 환경의 역할을 강조하는 상호 활동주의자들의 견해.

2-1. 행동주의 이론(Behaviourists' view)

- Watson & Raynor(1920)

- 자극(stimulus), 반응(response), 강화(reinforcement)에 의한 조건화 이론을 제창.
- 하나의 행동이 충분히 강화를 받으면 그 행동은 습관화되고 조건화됨.
- 긍정적 강화(상)과 부정적 강화(벌)

• Skinner(1957, 1968)
  - Verbal Behaviour: 조건화 이론을 제1언어 습득에 적용시킴.
  - 언어도 하나의 행동으로 보았고, 끊임없는 반복 연습과 교사의 강화 활동에 의해 언어 습관이 형성되는 것으로 봄.
  - Say what I say

2-2. 행동주의 이론의 사례(Lightbown & Spada, 1990)

• (Peter is playing with a dump truck while two adults, Patsy and Lois, look on.)

Peter: Get more.

Lois: You're gonna put more wheels in the dump truck?

Peter: Dump truck. Wheels. Dump truck.

(later)

Patsy: What happened to it (the truck)?

Peter: (Looking under chair for it) Lose it. Dump truck! Dump truck! Fall! Fall!

Lois: Yes, the dumpt truck fell down.

Peter: Dump truck fell down. Dump truck.

3-1. 생득론자 이론(Nativsits' view)

• Chomsky(1965)
  - 한번도 들어 보지도 못한 다른 문장들로 표현 할 수 있다는 사실은 생득적으로 타고나는 것이라고 가정.
  - 언어 습득장치(Language Acquisition Device: LAD)를 가지고 태어남.

세계의 모든 인종이 쓰는 다양한 언어들 속에는 공통적으로 존재하는 보편적 문법(Universal grammar)이 있을 것이라는 가정.

－언어능력(linguistic competence)와 언어수행(linguistic performance)

3-2. 생득론자 이론(Krashen, 1982)

- 습득-학습 가설(Acquisition-learning hypothesis)
- 모니터 가설(Monitor hypothesis)
  －학습된 표현: I would like to buy apples.
  －습득된 표현: Apples, please. Do you have apples?
- 자연적 순서 가설(Natural order hypothesis)
  －불규칙 동사: go-went-gone
  －규칙 동사: look-looked-looked
- 입력 가설(Input hypothesis)
  －i+1, 이해 가능한 입력(Comprehensible input)
- 정서적 필터 가설(Affective filter hypothesis)
  －불안감, 학습 동기, 자신감

4. 인지주의 이론(Cognitivists' view)

- 외국어 학습을 언어 기능의 다양한 구성 요소들을 체계적으로 연습시켜서 외국어의 언어적 유형이 자동화되고 통합되게 하는 하나의 정신 과정으로 봄.
- 언어학습은 규칙이 지배하는 행동(rule-governed behaviour)으로 봄.
  적은 수의 유한한 언어 규칙들이 무한한 수의 다양한 언어 경험을 성공적으로 처리할 수 있도록 작용하는 것으로 봄.

5-1. 중간언어 이론(Interlanguage view)

- 중간언어(Ellis, 1986)
  －언어학습과 언어 학습과 의사소통 전략상의 체계적인 패턴의 반영.
  －제1언어(모국어)를 확립한 학습자가 제2언어(외국어)를 배우는 과정에서

완벽한 제2언어의 지식이나 능력을 확립하기 이전에 갖는, 모국어 지식의 영향으로 불확실하고 불안정한 제2언어의 지식이나 능력.

- 가변적이고 역동적이고 체계적임.

- 생성원인
  - 모국어로부터의 전이
  - 외국어 학습 전략

5-2. 중간언어 이론(오류분석)

- 모국어의 영향(전이, 간섭)
  - 관사의 오류
  - 복수를 표시하는 오류
  - 문장의 어순
- 제2언어(외국어)의 영향
  - 주어-동사의 불일치(과잉 일반화 현상과 단순화 현상)
  - 교실에서의 경험
  - 과거에 배웠던 것을 적용/활용하는 과정에서 오류가 발생함.
  - One horse open sleigh & dashing through the town

6-1. 상호작용주의 이론(Interactionists' view)

- 학습자가 외국어를 사용하는 의사소통의 과정에 적극적으로 참여하여 의미를 적극적으로 교섭(meaning negotiation)함으로써 외국어가 학습됨.
- 담화분석(Discourse analysis)연구에 영향을 미침.
  - 아동은 의사소통하는 법을 먼저 배우고, 그 의사소통의 상호활동 과정에서, 즉 뭔가를 말하려고 하는 의도적인 노력에서 언어의 문법 구조를 귀납적으로 배우게 됨.
- Piaget(1936)
  - 언어는 유아가 사용하는 많은 상징체계 중의 하나.
  - 유아는 환경과의 물리적인 상호작용을 통해 얻은 지식을 표현함.

- Vygotsky(1986)
  - 근접발달지역(ZPD: Zone of proximal development)
    유아의 능력을 약간 넘어서는 비계를 적절히 설정하면 유아는 상대화 교류하면서 언어를 발전시켜 나감.

6-2. 상호작용주의 이론의 사례

- (Peter is playing with a dump truck while two adults, Patsy and Lois, look on.)

  Peter: Get more.

  Lois: You're gonna put more wheels in the dump truck?

  Peter: Dump truck. Wheels. Dump truck.

  (later)

  Patsy: What happened to it (the truck)?

  Peter: (Looking under chair for it) Lose it. Dump truck! Dump truck! Fall! Fall!

  Lois: Yes, the dumpt truck fell down.

  Peter: Dump truck fell down. Dump truck.

- 비계설정
  - 천천히 전달
  - 높은 어조 사용
  - 여러 가지 억양 사용
  - 짤막한 표현
  - 단순한 문장 형태를 사용
  - 반복
  - 유사한 표현
  - 어린이의 직접적 환경에 맞는 대화의 주제 사용
  - 문법적으로 옳은 문장으로 확장

제3강 언어학습에 영향을 끼치는 요인

학습개요

1. 지능
2. 적성
3. 개인적 특성-정의적 요인
4. 동기와 태도
5. 기질
6. 학습자의 신념
7. 연령

1. 지능

- IQ 검사에 의한 지능은 언어의 분석과 규칙의 학습에 아주 중요한 요인임.
- 언어에 있어서 의사소통과 상호작용에 초점을 맞추는 것이 중요함.
- Genesee(1976)
  - 캐나다 불어 몰입 프로그램을 받고 있는 학생들을 대상으로 한 실험.
  - 제2언어학습에 있어 읽기, 문법, 어휘력과 지능은 관계가 있는 것으로 나타남.
  - 구어적 기술과는 관계가 없는 것으로 나타남.

2. 적성

- 언어적성검사
  - 다른 사람들보다 언어 학습에 있어 효과적일 수 있는지 구분하는 능력을 측정하는 검사.
  - MLAT, PLAB
    - ▸새로운 소리를 인지하고 암기하는 능력.
    - ▸문장에서 단어의 기능을 이해하는 능력.
    - ▸제시된 예를 통해 문법적 규칙을 알아낼 수 있는 능력.
    - ▸새로운 단어를 암기하는 능력.

- 의사소통에 참여하는 것과 관련된 적성을 측정하는 내용에 대해서는 제한적으로 다루고 있음.

• 부족한 적성을 보완하는 능력
- 완곡한 표현능력(circumlocution)
- 형식보다 기능적 능력(function over form)
- 신체적 표현능력(use of physical representation)

3. 개인적 특성-정의적 요인

• 내향성(introversion)
- 소극적이고, 말수가 적으며, 강한 자존심을 가지고 있어서 실수를 할 위험이 있는 일은 잘 하려 하지 않음.
- 일체감이나 성취감을 타인에 비친 자신의 모습에서가 아니라 자신의 내부에서 찾음.

• 외향성(extroversion)
- 말수가 많고, 적극적이며, 밖으로 잘 드러내는 성격임.
- 자신의 자아와 자기존중심, 타인과의 일체감 등을 자신의 외부로부터 얻으려고 함.
- 외국어의 면대면 구어 숙달도에 있어서 성취도가 일반적으로 높음.

• 애매성의 수용 정도(Tolerance of ambiguity)

폐쇄적(closed-minded)
- 자신이 알고 있거나 믿고 있는 것과 상반되는 것을 전혀 받아들이지 못함.
- 자신의 확실한 의견 가짐.
- 편협하고, 독선적이며, 창의성이 부족함.
- 성인

개방적(open-minded)
- 어느 정도는 받아들여 잘 수용함.
- 외국어 학습에 유리
- 아동

• 자아존중심(Self-esteem)

- 개인이 자신에 대하여 갖고 있는 태도 속에서 표현되는 가치에 대한 개인적 판단임.
- 태어날 때에는 없었던 자아의식(ego)이 서서히 자신과 주변 세계와의 경험을 토대로 자신은 타인과 다르다는 인식이 생기면서 형성됨.
- 자아존중심이 높은 학습자가 외국어 학습에서 성취도가 높음(Heyde, 1979).

• 감정이입(Empathy)
  - 자신을 상대방의 입장에 놓고 보아서, 자신을 뛰어넘어 상대방이 느끼는 바, 이해하는 바를 느끼고 이해하는 미음의 자세임.
  - 외국어 학습 시 감정이입의 어려움은 불확실한 외국어로 상대방을 이해해야 하고, 또 자신의 의미를 표현해야 하기 때문.

• 자아방어심
  - 새롭게 접해야 할 환경이나 사안에 대한 준비가 없는 상태이기 때문에 두려움, 걱정, 수치심 등을 겪을 위험이 있다는 것을 알고 자신의 자아를 보호하고자 하는 방어 심리.

4. 동기와 태도

• 긍정적인 동기와 태도는 영어습득의 성공과 연관이 있음.
• Gardner & Lambert(1972)
  - 통합적 동기: 학습자의 사회적 필요성, 즉 학습자의 성장과 문화적 성숙을 위해 필요로 하는 것.
  - 목적적 동기: 개인적 언어 학습 욕구와 목적을 위해 필요로 하는 것.
• 흥미를 증진시킬 수 있는 활동과 과제, 다양한 자료 제공.
• 경쟁적인 목표보다는 협동적인 목표를 지향하며 동기유발을 하는 것이 좋음.

5. 기질

• 학습자 성향
  - 시각적인 것을 선호하는 학습자
  - 구어적인 것을 선호하는 학습자

- 운동-감각적인 것을 선호하는 학습자

- 인지적 학습 성향

<u>**장 독립적**(Field Independent) **학습자**</u>

- 주변의 환경에 영향을 덜 받으면서 자신이 하고 있는 일에 집중할 수 있음.

<u>**장 의존적**(Field Dependent) **학습자**</u>

- 주변의 환경에 민감하여 자신이 하고 있는 일에 주변의 영향을 많이 받는 경향이 있음.

6. 학습자의 신념

- 언어는 어떻게 학습되는가에 대한 자신의 견해를 가짐.
  - 나이가 많을수록.
  - 언어 수준이 높을 수록자신에게 맞는 교수법 및 학습법에 만족해 함.
- 학습자가 새로운 학습을 접할 경우에 자신의 학습 전략 선택에 변화를 가져옴.
- 학습자들이 자신의 학습 전략이나 언어 학습에 관해 자신감을 갖고 자신의 신념을 확장할 수 있도록 도와주어야 함.

7. 연령

- Patkowski(1980)
  - 67명의 고등교육을 받은 이주민을 대상으로 한 연구.
  - 영어학습에서 먼저 학습을 시작한 사람들과 나중에 학습을 시작한 사람들 간의 차이점.
  - 언어 습득 연령은 발음에만 영향을 미치는 것이 아니라 제2언어 학습 발전에도 한계를 가져다 줄 수 있는 주요한 요소인 것을 밝혀짐.
- Johnson & Newport(1989)
  - 중국인과 한국인 대상 연구
  - 영어문장에서 문법적인 것과 비문법적인 것을 구별해내는 능력 검증.
  - 조기 언어 습득과 영어를 더 잘 구사하는 것과는 서로 깊은 상관관계가 있었음.

- Snow & Hoefnagel-Hőhle(1978)
  - 3세에서 성인까지를 대상.
  - 언어 사용과 지식의 다른 타입을 구분하여 측정.
  - 발음, 청력, 구분, 형태론, 문장 반복과 과제, 문장 번역, 문장 판단 과제, 피바디 그림 어휘 테스트, 이야기 이해 과제, 이야기하기 과제 영역.
  - 목표수준이 "원어민처럼" 이라면 일찍 시작할수록 더 좋은 결과가 있는 것으로 밝혀짐.

8. 언어학습에 영향을 끼치는 요인

- 동기, 외향성, 지능 등 행동이나 성격, 특성은 학습자의 전체적인 범주를 다루기 때문에 직접적으로 측정하는 데 어려움이 따른다.
- 언어의 유창성과 연관성을 파악하기에도 다주 다양한 종류의 유창성이 있으므로 복잡하다.
- 학습자의 특성을 이해하면 어떤 상황에서도 개인의 성격과 언어 습득 능력을 개인별 학습 스타일을 고려하여 지도 할 수 있다.

Quiz

Q1. 다음의 용어를 설명하시오.

▸습득과 학습

▸보편적 문법

▸언어능력과 언어수행

Q2. 다섯 가지의 가설(습득-학습 가설, 모니터 가설, 자연적 순서 가설, 입력 가설, 정서적 필터 가설)을 토대로 한 언어학습이론은? ( )

① 행동주의 이론 ② 생득론자 이론

③ 인지주의 이론 ④ 상호작용주의 이론

Q3. 언어학습에 영향을 미치는 요인 중 하나를 기술하시오.

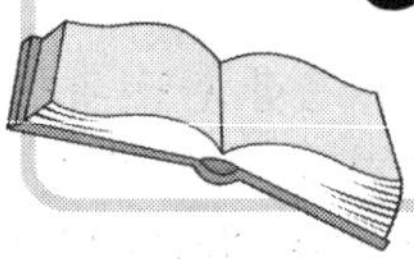

Lesson 3 챈트

유아들이 처음으로 말을 하기 시작할 때 부모들의 감격은 이루 말할 수 없을 것이다. 처음하게 되는 대부분의 말은 엄마, 아빠이다. 그리고 간단한 단어들을 연결하여 문장을 확장해 나간다. 이러한 말하기의 가장 기초적인 연습, 단어에서 문자로 확대되어 가는 연습을 챈트를 이용해서 지도할 수 있다. 리듬은 있으나 멜로디가 없는 비교적 따라 하기 용이하고 쉽게 만들 수 있는 활동에 해당한다. 아이들이 처음 혼잣말로 옹알거리는 소리가 마치 챈트를 하는 것처럼 들린다. 가르치지 않아도 배우지 않아도 아동은 기본적인 챈트를 할 수도 있고 만들 수도 있다.

제1강 Chant와 Rhyme의 학습효과

학습개요

1. Rhyme의 특성
2. Chant의 특성
3. Chant의 교육효과
4. Chant의 종류
5. Chant 지도 방법
6. Chant의 사용

1. Rhyme의 특성

- 모든 언어는 음악을 지향하며 생활 속의 언어는 시가 되고 시는 곧 음악으로 이어짐.
- 외국어 학습의 성취와 음악 능력은 밀접한 관계가 있음.
- Pimsleur(1962 in 좌숭화외. 2005)
  - 고저와 음색과 같은 음악 요소들의 식별능력은 외국어의 발음과 악센트

에 직접적인 영향을 미치는 긴밀한 관계가 있음.
외국어 학습에서 언어지도의 자료로써 유용한 보조수단이 될 수 있음.
학습 동기유발을 시키는 데 도움이 됨.

2. Chant의 특성

- Graham이 개발.
- 재즈의 특이한 빠르기와 박자가 다양한 감정과 정서를 전달하는 것처럼 영어에서도 리듬, 강세, 억양이 말하는 사람의 느낌과 의도를 잘 나타냄.
- 음악 유형과 구어체의 특성을 연결시킨 것.
- 미국 표준영어 속에 담겨진 음운적 요소나 유형은 물론 그 밖의 기본적인 운율, 고저, 강약 등을 반영하고 있기 때문에 영어의 음운구조를 듣고 이해하는 기술을 익히는데 매우 효과적임.
- 어린이들이 경험하는 많은 감정적 변화를 영어로 표현할 수 있게 함.

3. Chant의 교육효과

- 리듬의 요소를 갖춘 노래와 말하기의 중간 단계로 경쾌하고 반복적인 리듬에 맞추어 강세, 억양, 고저 등 영어의 독특한 리듬을 습득하는데 도움이 됨.
- 단어나 문장이 반복되는 형식을 가지고 있으므로 새로운 어휘, 구조, 관용적 표현 등을 익히는데 도움이 됨.
- 듣는 기술을 익히는데 도움이 될 뿐 아니라 말하기 학습에도 효과적으로 작용함.
- 멜로디가 없이 일정한 리듬이 반복되므로 음감이 부족한 아이들도 쉽게 익힐 수 있다는 장점이 있음. (동일한 시간 내에 노래나 게임과 같은 활동보다 말하기에 효과적이다.)
- 다양한 방법으로 박자 치기를 하여 챈트를 익히므로 흥미를 유지할 수 있고 아이들에게 전체 속의 일부로 활동하게 함으로써 자신감, 성취감을 줌.
- 미국 표준 영어 속에 담겨진 음운적 요소나 유형은 물론 그 밖의 기본적인 운율, 고저, 강약 등을 반영하고 있기 때문에 영어의 음운 구조를 이해하여 듣는 기술을 익히는데 효과적임.

- 내재된 리듬과 유머는 아이의 동기 유발에 도움이 됨.
- 학습 부담이 적고 쉽게 익힐 수 있으므로 소극적인 아이에게도 영어에 대한 자신감을 심어줌.
- 동작과 함께 할 수 있어 의미를 이해시키기에 용이함.
- 지루하지 않은 반복으로 기억력과 집중력을 향상시킬 수 있음.
- 언어의 모든 기능을 모두 연습 시킬 수 있음.

4. Chant의 종류(윤소연, 2000)

- TPR 챈트
  - TPR은 신체적인 움직임과 함께 수행될 때 효과적이라고 말한 Asher(1965)의 의해 최초로 창안되었으며, 교사의 명령에 따라 학습자가 신체적 반응을 하게 되므로 구어를 듣고 이해하는 능력이 말하기에 선행되어 발달함.
  - TPR챈트는 챈트의 내용을 그림으로 제사하여 TPR을 활용한 동작으로 개념을 명확하게 함. 이때 교사와 학습자간의 교류가 활발하게 이루어져 수업은 교사 중심에서 학습자 중심으로 옮겨가게 됨.
- 문답형 챈트
  - 문답형 챈트는 대화 구문으로 되어있다. 챈트 내용에 익숙해지면 두 그룹으로 나누어 한쪽은 질문을, 다른 한쪽은 답을 하게 함.
  - 이러한 대화구문은 서너 개의 파트 교환으로 바꾸어 지도하며 수업이 진행되는 동안 아이들이 그전에 설정된 리듬 패턴을 유지하도록 함.
- Storytelling챈트
  - 초보 단계부터 높은 단계까지 언어 능력을 증진하는 데 도움이 된다고 함. 동화는 대본 형식으로 이루어져 내레이터가 이야기를 주도하고 등장인물들이 대화 중간에 챈트를 섞어서 동화를 전개함.
  - 이러한 방법은 이야기가 지루하지 않게 하며 이야기에 몰입하다 보면 자연스럽게 영어를 학습할 수 있다는 장점이 있음.

5. Chant 지도 방법

- 교사는 챈트에 담겨진 상황을 간단하게 설명한다. 이때 상황 이해뿐만 아니라 문화적 차이도 이해할 수 있게 한다.
- 교재에 박자와 높낮이를 나타내는 그림이나 표시가 있으면 간단히 설명한다.
- 챈트의 첫 소절을 정상 속도와 억양으로 들려주고 따라 하게 한다
- 교사가 숫자를 세거나 손뼉, 막대, 손가락으로 딱딱 소리를 내면서 박자를 분명하게 익히도록 한다. 다시 한 소절씩 들려주고 이에 합창으로 반복하게 한다.
- 학급을 두 분단으로 나누어 교사가 한 소절씩 선창하거나 두 분단이 교대로 따라 부르게 한다.
- 챈트가 대화문 형식으로 되어 있으면 교사와 아이가 각각의 역할을 나누어 박자를 맞추어 표현하게 한다.

6. Chant의 사용

- 전적으로 챈트에 의존한 영어교육은 한계를 가짐.
- 수업의 어느 시점에 어떤 것은 어떻게 사용할 것인가에 관한 것은 교사의 전문적인 판단임.
- 많은 사전 준비가 필요함.
  - 가르치고자 하는 내용에 맞는 챈트의 선정
  - 녹음, 비디오 기기의 준비
  - 필요한 동작과 율동의 도입 여부

제2강 | 실제 적용의 예 1

학습개요

1. Let's study English
2. The Greeting Chant
3. Draw, Paint, Cut it out!
4. Pick It Up!
5. I like English!
6. The See You Later Chant
7. What's Your Name?
8. Nice to Meet You
9. What Is She?
10. Touch Your Feet!
11. Do You Like Baseball?
12. Can I Help You?
13. Can I Come In?
14. Happy Birthday!

1. Let's study English

- 기능: 수업시작하기.
- 표현: Let's study English.
- 단어: one, two, three, study, English, you, me

Let's study English

ABC! One, two, three!
Let's study English, you and me.
Let's study English, you and me.

ABC! One, two, three!
Let's study English, you and me.

Let's study English, you and me.
Yeah!

2. The Greeting Chant

- 기능: 인사.
- 표현: How're you doing?
  How's it going?
  What's up?
- 단어: fine, good, not much

The Greeting Chant

How're you doing?
　Fine!
How's it going?
　Good!
What's up?
　Not much!
　Not much!
　Not much!
　Not much!

3. Draw, Paint, Cut it out!

- 기능: 미술 작품 만들기.
- 표현: Draw, paint, cut it out.
  Draw a pretty picture.
  When you finish, shout!
- 단어: draw, paint, cut out, pretty, picture

Draw, Paint, Cut it out!

Draw, paint, cut it out!
Draw, paint, cut it out!

Draw a pretty picture.
Cut it out.
When you finish, shout, shout, shout!

Draw, paint, cut it out!
Draw, paint, cut it out!

4. Pick It Up!

- 기능: 청소하기.
- 표현: Pick up the trash.
  Pick it up.
- 단어: pick up, trash, you, me

Pick It Up!

Pick up the trash.
Pick it up, pick it up.
Pick up the trash.
One, two, three!

Pick up the trash.
Pick it up, pick it up.
Pick up the trash.
You and me!

5. I like English!

- 기능: 영어감각 쌓기.
- 표현: I like English, yes, I do.
  How about you?
- 단어: like, English

I like English!

I like English,
Yes, I do.
I like English.
How about you?
    I like English,
    Yes, I do.
    I like English.
    How about you?
I like English!
I like English!
    I like English!
    I like English!

6. The See You Later Chant

- 기능: 작별인사 하기.
- 표현: See you later.
  See you soon.
  See you in the afternoon
- 단어: later, soon, afternoon, see you

The See You Later Chant

See you later.
See you soon.
See you in the afternoon!

See you later.
See you soon.
See you in the afternoon!

7. What's Your Name?

- 기능: 이름 묻고 대답하기.
- 표현: What's your name?
  My name's Sally.
- 단어: name

What's Your Name?

Shooby dooby, shooby dooby,
Bop, bop, bop. (repeat chorus twice)
What's your name?
My name's Sally.
Shooby dooby, shooby dooby,
Bop, bop, bop. (repeat chorus twice)
What's your name?
My name's Inho.
Shooby dooby, shooby dooby,
Bop, bop, bop. (repeat chorus twice)

8. Nice to Meet You

- 기능: 친구소개하기.
- 표현: Sally, this is Tony.
  This is my friend, Sally.
  Nice to meet you.
- 단어: friend

Nice to Meet You

Sally, this is Inho.
Inho, this is Sally.
This is my friend, Sally.
This is my friend, Inho.
Nice to meet you.
Nice to meet you.
    Nice to meet you, too!
Yeah!
Nice to meet you.
Nice to meet you.
    Nice to meet you, too!
Yeah!

9. What Is She?

- 기능: 직업.
- 표현: What is he / she?
  He's / She's a teacher.
- 단어: teacher, singer, nurse, driver, doctor, chef

What Is She?

What is she?

　　She's a teacher.

What is she?

　　She's a singer.

What is she?

　　She's a nurse,

　　A nurse, a nurse, a nurse.

What is he?

　　He's a driver.

What is he?

　　He's a doctor.

What is he?

　　He's a chef,

　　A chef, a chef, a chef.

10. Touch Your Feet!

- 기능: 신체부위 찾기.
- 표현: Touch your nose.
- 단어: nose, mouth, feet, ears, head

Touch Your Feet!

Touch your nose.

Touch your mouth. (clap one time)

Touch your feet!

Touch your ears.

Touch your head. (clap one time)

Touch your feet!

* Substitution Words: arms, chin, eyes, knees, toesl…

11. Do You Like Baseball?

- 기능: 좋아하는 스포츠 말하기.
- 표현: Do you like baseball?
  Yes, I do.
- 단어: baseball, soccer

Do You Like Baseball?

Baseball, baseball,
Do you like baseball?
Baseball, baseball,
Do you like baseball?
Do you like baseball?
　　Yes, I do.
Do you like baseball?
　　Yes, I do.

Soccer, soccer,
Do you like soccer?
Soccer, soccer,
Do you like soccer?
Do you like soccer?
　　Yes, I do.
Do you like soccer?
　　Yes, I do.

12. Can I Help You?

- 기능: 상점에서.
- 표현: Can I help you?
  One book, please.
  Here you go.
  Thank you very much.
  You're welcome.
- 단어: book, help, please

Can I Help You?

Can I help you?
Can I help you?
Can I help you?
Can I help you?
Can I help you?
Can I help you?
One book, please.
Here you go.
Thank you very much.
You're welcome.

* Substitution Words: pen, ball, card, doll…

13. Can I Come In?

- 기능: 방문.
- 표현: Can I come in? Come on in.
  Can I sit down?
  Please sit down.
- 단어: knock, sure, please, come in

Can I Come In?

Knock, knock, knock!
Can I come in?
    Sure, sure, sure!
    Come on in.
Can, can, can,
Can I sit down?
    Please, please, please,
    Please sit down!

14. Happy Birthday!

- 기능: 생일 표현.
- 표현: Happy birthday.
  This is for you.
  It's a doll. Thank you.
- 단어: birthday, doll

Happy Birthday!

Happy birthday!
Happy birthday!
This is for you.
Happy birthday!
Happy birthday!
This is for you.

It's a doll.
It's a doll.
Oh, Wow! Thank you!
It's a doll.

It's a doll.
Oh, wow! Thank you!

* Substitution Words: bag, book, dress, pen, shirt, toy…

제3강 실제 적용의 예 2

학습개요

1. One Finger, One Finger
2. Victory, Fox & I Love You
3. This Is My Family
4. Who Took the Cookies from the Cookie Jar?
5. Hello, Hello
6. With My Shirt On
7. Watch My Watch
8. Boom, Boom, Boom!
9. Ring, Ring, Ring
10. An Eraser Is Smaller Than a Book
11. Swimming is my hobby

1. One Finger, One Finger

- 기능: 기수 익히기.
- 표현: What sound does it make? What sound do they make?
- 단어: one, two, three, four, five, finger, sound, make

One Finger, One Finger

One finger, one finger,
What sound does it make?
Da, da, da, Da, da, da, Da, da, da, da,

Two fingers, two fingers,
What sound do they make?
Da, da, da, Da, da, da, Da, da, da, da,

Three fingers, three fingers,
What sound do they make?
Da, da, da, Da, da, da, Da, da, da, da,

Four fingers, three fingers,
What sound do they make?
Da, da, da, Da, da, da, Da, da, da, da,

Five fingers, three fingers,
What sound do they make?
Pa, pa, pa, Pa, pa, pa, Pa, pa, pa, pa,

2. Victory, Fox & I Love You

- 기능: 서수 익히기.
- 표현: First finger down. Second finger up.
  What do you see?
- 단어: first, second, third, fourth, fifth, finger, victory, fox, see

Victory, Fox & I Love You

First finger down,
Second finger up,
Third finger up,
Fourth finger down,
Fifth finger down.

And what do you see?
Victory!
First finger down,
Second finger up,
Third finger down,
Fourth finger down,
Fifth finger up.
And what do you see?
Fox!
First finger up,
Second finger up,
Third finger down,
Fourth finger down,
Fifth finger up.
And what do you see?
I love you!

3. This Is My Family

- 기능: 가족 구성원 및 형용사 익히기.
- 표현: This is my brother.
- 단어: brother, sister, mother, father, naughty, pretty, smarty, busy, mighty

This Is My Family

This is my brother, the naughty one.
This is my sister, the pretty one.
This is me, the smarty one.
This is my mother, the busy one.
This is my father, the mighty one.

4. Who Took the Cookies from the Cookie Jar?

- 기능: 의문문 익히기.
- 표현: Who took the cookies from the cookie jar?
  Who me?/Yes, you.
  Not me./Then who?
- 단어: Who, take, cookie, cookie, cookie jar

Who Took the Cookies from the Cookie Jar?

Who took the cookies from the cookie jar?
Sue took the cookies from the cookie jar.
Who me?
Yes, you.
Not me.
Then who?

* Substitution: Tony, Jenny

5. Hello, Hello

- 기능: 전화 표현 익히기.
- 표현: May I speak to Johnny?
  This is he. Johnny speaking.
- 단어: hello, may, speak

Hello, Hello

Hello, Hello.
May I speak to Johnny?
This is he.
Johnny speaking.
Hello, Hello.

May I speak to Lucy?
This is she.
Lucy speaking.

* Substitution: Tony, Jenny

6. With My Shirt On

- 기능: 의복이름 익히기.
- 표현: I go to school with my shirt on.
  I go to bed with my shirt off.
- 단어: shirt, pants, belt, sock, shoe, hat, watch, go, school, bed, with

With My Shirt On

I go to school with my shirt on,
My pants on, my belt on,
My socks on, my shoes on,
My hat on, my watch on.

I go to bed with my shirt off,
My pants off, my belt off,
My socks off, my shoes off,
My hat off, my watch off.

7. Watch My Watch

- 기능: 시각 익히기.
- 표현: Watch my watch.
  Watch it carefully and tell me the time.
  It's five ten.
- 단어: watch, time, five, ten, four, forty, tell, carefully

Watch My Watch

Watch it, watch it,
Watch my watch.
Watch it carefully
And tell me the time.
    Watch it, watch it,
Watch your watch.
Watch it carefully
It's five ten. / It's four forty.

8. Boom, Boom, Boom!

- 기능: 12달 이름 익히기.
- 표현: January, add two.
- 단어: January, February, March, April, May, June, July, August, September, October, November, December, add

Boom, Boom, Boom!

Boom, boom, boom.
January, add two!
Boom, boom, boom.
January, February, March!
    Boom, boom, boom.
May, add three!
Boom, boom, boom.
May, June, July, August!
Boom, boom, boom.
April, add two!
Boom, boom, boom.

April, May, June!
Boom, boom, boom.
August, add four!
Boom, boom, boom.
August, September, October, November, December!

9. Ring, Ring, Ring

- 기능: 전화 표현 익히기.
- 표현: Someone's calling on the phone.
  Someone who?
  I don't know. Must be Sue.
- 단어: phone, ring, someone, call, must be

Ring, Ring, Ring

Ring, ring, ring.
Someone's calling on the phone.
Someone who? Someone who?
I don't know. Must be Sue.

Ring, ring, ring.
Someone's calling on the phone.
Someone who? Someone who?
I don't know. Must be Tom.

* Substitution: Ann, Sam

10. An Eraser Is Smaller Than a Book

- 기능: 비교급 익히기.
- 표현: An eraser is smaller than a book.
  A book is smaller than what?
- 단어: eraser, book, notebook, chair, desk, smaller than

An Eraser Is Smaller Than a Book

An eraser is smaller,
Smaller than a book.
A book is smaller,
Smaller than what?

A book is smaller,
Smaller than a notebook.
A notebook is smaller,
Smaller than what?

* Substitution Words: a notebook-a chair/ a chair-a desk

11. Swimming is my hobby

- 기능: 취미 묻고 답하기.
- 표현: Swimming is my hobby.
  My hobby is swimming.
  Is swimming your hobby?
  Yes, it is. / No, it isn't.
- 단어: hobby, swimming, singing, dancing

Swimming is my hobby

Swimming is my hobby.
My hobby is swimming.
Is swimming your hobby?
No, it isn't
Singing is my hobby.
My hobby is singing.
Is singing your hobby?
No, it isn't.
Dancing is my hobby.
My hobby is dancing.
Is dancing your hobby?
Yes, it is.

Quiz

Q1. 챈트는 무엇인가?

Q2. 라임은 무엇인가?

Q3. 챈트의 종류가 아닌 것은? (   )
① TPR 챈트 ② 문답형 챈트
③ Storytelling 챈트 ④ 동작챈트

Q4. 챈트를 하나 제시하고 어떤 교육적 효과가 있는지 설명하시오.

Lesson 4 노래

노래는 누구나 좋아하는 리듬과 멜로디가 들어있는 소리이다. 비록 언어를 모르더라도 반복해서 듣게 되면 쉽게 익힐 수 있고 즐겁게 따라 부를 수 있는 활동에 속한다. 멜로디를 알지 못하고 언어까지 새롭게 배우게 될 때 익숙해지기까지 시간이 걸리지만, 알고 있는 멜로디에 가사만 영어로 제시된다면 좀 더 언어에 집중하여 영어적 표현을 익힐 수 있을 것이다. 앞의 챈트와 같이 아동들이 놀면서 듣게 되었을 때 무의식적으로 많은 내용을 흡수하고 있다는 것을 깨닫고 놀라게 되는 활동에 속한다.

제1강 | Songs의 학습효과

학습개요

1. 노래의 특성
2. 노래와 언어발달의 관계
3. 강세와 영어 리듬
4. 노래의 교육효과
5. 노래 지도 방법
6. 노래 지도 시 유의사항
7. 노래의 제작과 선택

1. 노래의 특성

- 노래는 멜로디, 리듬, 화음의 세 요소를 갖춘 음악의 형식으로 영어 학습에 사용될 때의 그 가치와 효과는 일반적으로 인정되어 옴.
- 어느 언어권이건 노래 자료는 생활 주변에 풍부하고 사람들에게 친숙함.
- 영어권에서 강조되는 이유는 영어의 경우 언어 자체에 리듬의 요소가 강하

여 노래와 일상적인 구어체의 관계가 더욱 밀접하기 때문임.

2. 노래와 언어발달의 관계

- 음성자료를 말로 표현하기보다는 노래로 표현하기가 더 쉬운 경우가 많음.
- 유아는 언어 발달에 앞서 노래를 하고, 노래는 유아의 언어 발달을 도움.
- 청소년기에 있어 노래는 유아기에 엄마에게서 듣는 다정하고 음악적인 말(motherese)의 대체물이라 할 수 있음.
- 노래를 부르는 것은 자기중심적 언어 행위와 유사함- 무의식적이고 본능적인 반복이 언어 습득 장치(LAD)의 발현일 수 있다고 봄.

3. 강세와 영어 리듬

- 일상적인 구어체의 자연스러운 운율을 강조 적으로 살리고 있음.
- 운율(prosody)은 강세(stress), 리듬(rhythm), 억양(intonation), 음절의 길이(syllable length) 등 언어의 음성적 특질을 형성하는 모든 요소를 총체적으로 지칭하는 복합적 개념임.
- 운율적 특성, 특히 리듬은 언어 학습자가 익히기에 가장 어려운 부분임.
- 언어의 리듬을 결정하는 가장 중요한 요소는 강세임.
- 강세는 문맥(context)에 따라 달라짐.
- 내용어(content word)는 강세를 받음.
- 기능어(function word)는 강세를 받지 않음.
- 영어와 같은 강세 박자에서는 강세와 강세 사이의 시간 간격이 일정함.

I ate cookies.

I ate the cookies.

I have eaten the cookies.

4. 노래의 교육효과

- 심리적 측면

  -리듬적 요소가 갖는 흥겨움과 그 가사의 단순하고 반복적인 구조가 갖는

흥겨움.
- 정서적인 이완 작용을 함.
- 지루함을 덜어주고 편안함을 느끼게 해주며 노래 부르는 행동 그 자체에 재미를 느끼게 함.
- 외국어를 습득하는 학습자들에게 걱정과 억압감을 감소시켜 주고 동기 유발적인 효과를 가짐.

• 언어 교육적 측면
- 언어학과 음악이 모두 공유하는 기반을 지니고 있어서 언어지도의 자료로서 유용한 보조 수단이 됨.
- 기계적인 문형 연습에서 오는 싫증을 제거해줌. 학습 동기 유발을 시키는데 도움이 됨.
- 노래의 유의적인 반복 활동은 학습자의 흥미를 잃지 않게 하는 방법일 뿐 아니라 아동들에게 재미있게 새로운 언어를 계속적으로 강화시키고 복습시켜 기억을 돕게 함.
- 어휘, 관용어, 문법, 발음, 강세, 억양 등과 같은 다양한 언어 형태를 연습하고 교정할 수 있음.

• 학습내용의 내재화
- 일상적인 구어 표현보다 더 쉽게 기억되고 또 기억의 효과가 더 오랫동안 지속됨.
- 단어나 문장이 반복되는 형식을 취하기 때문에 새로운 어휘나 문장 구조 및 관용어 등을 익히는데 도움이 됨.
- 노래를 부르는 동안 새로운 언어를 익숙하지 않은 발음으로 말하고 있다는 어색함에서 벗어날 수 있음으로 자연스럽게 언어를 습득할 수 있음.
- 길이가 짧으면서 단순하고 반복적인 구조를 갖는 텍스트로 이상적인 언어학습자료임.
- 수업 진행 과정에서 노래는 일상적이고 규칙적인 교실 활동에 변화를 줌.

• 문화적 측면
- 노래의 가사는 목표 언어의 문화적 배경에 대한 정보를 제공 받는데 사용될 수 있음.

• 노래에는 그 문화 속의 언어가 지니고 있는 독특한 음운론적 요소나 유형, 기본적인 운율, 고저, 강약 등이 반영되고 있기 때문에 이러한 다양한 요소들을 연습하고 교정하는데 효과적임.

5. 노래 지도 방법

- 내용을 간단히 소개하고 의미와 상황을 말해준 후 새로운 어휘와 내용을 간단히 설명한다.
- 영어 민요나 이미 알려진 노래는 작곡자, 작사자에 관해 소개한다.
- 문자를 알고 있는 경우는 가사를 보게 하거나 규칙 빈칸 메우기 기법을 사용한 복사본을 나누어준다.
- 비디오나 녹음자료를 여러 번 듣게 한다.
- 육성이나 도구를 이용하여 선창을 하고 따라 부르도록 한다.
- 교사가 가사를 큰 소리로 읽어주고 가사 내용에 관하여 문답 활동을 한다.
- 가사를 한 소절씩 나누어 합창으로 노래를 부르게 한다.
- 노래 전체를 따라 부르게 하고 이 활동이 끝나면 노래 전체를 3-4회 따라 부르게 한다.

6. 노래 지도 시 유의사항

- 먼저 노래를 처음부터 끝까지 들어보고 불러 보도록 한다.
- 어려운 소절만 천천히 부르는 것은 피하고, 일정한 속도를 유지한다.
- 한 번에 너무 많은 양을 하지 않도록 한다.
- 노래를 처음 가르칠 때는 교사가 주도적으로 노래를 부르고 학생들은 따라 부르다가 알아들을 수 있는 부분들에서부터 점차적으로 학생 중심으로 옮겨 가도록 한다.
- 합창, 윤창 등을 할 때는 학생들 몇 개의 집단으로 나누어 부르도록 한다.
- 멜로디를 익힐 때까지는 가사를 부치는 대신 라라라, 루루루 등을 이용하여 노래 부른다.
- 노래 가사를 익힐 때에는 한 리듬 그룹을 단위로 하여 반복하도록 한다.
- 멜로디는 콧노래로 익히고 리듬은 챈트로 익힌 다음 노래로 완성할 수도 있다.
- 노래를 부를 때는 일어서서 부르게 하는 것이 에너지 안배에 효과적임.
- 매 시간마다, 혹은 매 단원마다 노래 코너를 만든다.
- 각자의 노래를 녹음해서 들어봄으로써 특별한 느낌을 갖게 해주고 자기 평가의 기회도 갖게 해준다.

7. 노래의 제작과 선택

- 학생의 수준을 평가하여 알맞은 가사 내용을 선택하고 단순한 악기로 편곡된 반주를 택한다.
- 초보 학습자에게는 지나치게 빠른 속도의 반주는 가급적 피하고 가사 이해에 지장을 주지 않을 정도의 속도의 노래를 선택한다.
- 멜로디는 간단하고 아동에게 익숙한 것을 택한다. 동요, 민요, 창작곡 등 익숙한 노래를 활용할 경우 교육 효과가 더 높음.

제2강 | Songs의 실제 1

학습개요

1. Alphabet Song
2. Row, Row, Row Your Boat
3. Marry Had a Little Lamb
4. Twinkle, Twinkle, Little Star
5. BINGO
6. Ten Little Indians

1. Alphabet Song

Teaching kids the ABC's it will always be.
Fun for parents joy for friends fun for you and me.
It's a game a special one and we're gonna try.
Matching letters to the pictures dancing in the sky.
Starts with Apple for the A followed by a B, Cat for C, a Dog for D,
Elephant for E, Fish for F, Gorilla G, Horse for H and me.
ABCDEFG Sing along with me.
Jaguar will fit the J, Kangaroo for K, Lion for the L,

A Mouse matches M, okay. Nest for N, an Octopus will embrace the O, Pig for P, a Quail for Q, it's a funny show!

Now a Rabbit for the R, Seal for S, for T, it's a turtle moving slowly now we gonna see.

An umbrella for the U, and for our V, it's a giant bird, a vulture watching from a tree.

ABCDEFG Sing along with me.

We will use the watermelon for the W, for the X and X-ray we are almost through. Yak for Y, one more to go Zebra for the Z.

Let's repeat the song together ready 1-2-3.

ABCDEFG Let's repeat the melody.

ABCDEFG Sing along with me.

2. Row, Row, Row Your Boat

Row, row, row your boat,
Gently down the stream,
Merrily, merrily, merrily, merrily,
Life is but a dream

3. Marry Had a Little Lamb

Marry had a little lamb,
little lamb, little lamb,
Marry had a little lamb,
It's fleece was white as snow.

And everywhere that Mary went,
Mary went, Mary went,
Every where that Mary went,
The lamb was sure to go.

It followed her to school one day,
School one day, school one day,
Followed her to school one day,
Which was against the rule.

4. Twinkle, Twinkle, Little Star

Twinkle, twinkle, little star,
How I wonder what you are!
Up above the world so high,
Like a diamond in the sky,
Twinkle, twinkle, little star,
How I wonder what you are!

5. BINGO

There were some kids who had a dog
And Bingo was his name O
BINGO BINGO BINGO
And Bingo was his name O

6. Ten Little Indians

One little, two little, three little Indians
Four little, five little, six little Indians
Seven little, eight little, nine little Indians
Ten little Indian boys.

제3강 Songs의 실제 2

학습개요

1. If You're Happy
2. Edelweiss
3. Do-Re-Me
4. Clementine
5. Old Macdonald Had a Farm

1. If You're Happy

If you're happy and you know it, clap your hands.
If you're happy and you know it, clap your hands.
If you're happy and you know it and you really want to show it.
If you're happy and you know it, clap your hands

Nod your head
Stamp your feet
Do all three(hands, head, feet)

2. Edelweiss

Edelweiss Edelweiss,
Every morning you greet me
Small and white, clean and bright
You look happy to meet me.
Blossom of snow may you bloom and grow
Bloom and grow for ever.
Edelweiss Edelweiss,
Bless my home land for ever.

3. Do-Re-Me

Do a dear a female deer
Re a drop of Golden Sun
Me a name I call my self
Fa a long long way to run
So I need a pulling thread.
La a note to follow so
Ti a drink with Jam and bread
That will bring us back to Do, oo, o.

4. Clementine

In a cavern, by a cavern,
excavating for a mine,
Dwelt a miner, forty niner,
And his daughter, Clementine

Oh, my daring Oh, my daring
Oh, my daring Clementine
You are lost and gone for ever,
dreadful sorry, Clementine.

5. Old Macdonald Had a Farm

Old Macdonald had a farm, Eeigh, eeigh, oh!
And on this farm he had some chicks, Eeigh, eeigh, oh!
With chick, chick here and a chick, chick there;
Here chick, there chick, Everywhere a chick, chick.
Old Macdonald had a farm, Eeigh, eeigh, oh!

Some ducks - quack, quack
Some cows - moo, moo
Some pigs - oink, oink
Some lambs - baa, baa

Quiz

Q1. 다음의 용어를 설명하시오.
▸기능어와 내용어

Q2. 노래와 언어발달의 관계에 해당되지 않는 것은? (　　)
① 음성자료를 말로 표현하기보다는 노래로 표현하기가 더 쉬운 경우가 많다.
② 유아는 언어 발달에 앞서 노래를 하고, 노래는 유아의 언어 발달을 돕는다.
③ 청소년기에 있어 노래는 Motherese이다.
④ 노래를 부르는 것은 자기중심적 언어 행위와 유사하다.

Q3. 노래의 하나를 제시하고 교육적 효과를 설명하시오.

Lesson 5 | 손유희와 몸동작

아동영어지도시 다양한 활동과 함께 손유희와 몸동작을 활용한다면, 좀 더 활동적이고 능동적인 특징을 이용하여 학습의 동기와 흥미를 많이 유발시킬 수 있다. 아동들이 특히 유아들이 손가락을 가지고 연극을 하게 될 때 더욱 흥미 있어 하고 스토리에 몰입하는 것을 쉽게 접할 수 있다. 손가락으로 여러 가지 모양 만들기를 해볼 수 있고 손가락 인형을 만들어 손가락에 꽂고 간단한 챈트나 노래를 해볼 수 있고 이야기를 창작해서 제시할 수도 있다. 소리와 함께 동작이 같이 결합되기 때문에 눈과 귀 그리고 몸의 협응력이 고도로 필요한 아동에겐 신체발달적인 면에서도 도움이 되는 재미난 활동에 속한다. 교사나 부모는 단지 획일적인 시범만 보이는 것 보다 아동들의 창의성을 고려해서 적절한 손유희와 몸동작을 적용한다면 학습의 효과는 매우 높을 것이다.

제1강 | Finger play의 학습효과

학습개요

1. Finger play
2. Finger play의 효과
3. Finger play의 종류
4. Finger play의 유의사항
5. Finger play의 지도방법
6. Finger play의 학습지도안
7. Finger play의 지도방향

1. Finger play

- 19세기 프뢰벨의 유치원 때부터 지금까지 유아교육현장에서 사용되어지는 활동.
- 언어, 동작, 음악적 요소가 통합적으로 응용된 놀이임.

- 기원은 구전 전승적 성격이 강해져 우리의 전통 육아법에서도 '짝짜꿍', '곤지곤지' 등 손을 이용한 고유의 놀이가 있음.
- 본격적 보급: 주일학교에서 선교사들이 번역된 finger play를 선보이고 근대적인 유치원 교육이 시작된 이후부터임.

2. Finger play의 효과

- 긍정적 기능
  - 손을 이용한 놀이가 유아들이 좋아하는 리듬을 기본으로 손과 눈의 협응, 신체조절, 언어 습득, 신체 표현의 기초 등.
- 손의 움직임이 뇌신경과 밀접하게 관련되어 여러 측면에서 유아의 발달을 도움.
- 유치원에서의 용도
  - 주의집중을 위한 본 활동 전에 유아들이 소란하거나 수업으로서의 몰입이 어려울 때 차분히 선생님에게 주의를 모아 주는 역할을 함.
  - 다음 활동 중간의 전이 활동으로 사용됨.
  - 재미있고 흥미로운 수업이 됨.

3. Finger play의 종류

- 주의집중을 위한 손 유희.
- 창의성을 더해주는 손 유희.
- 발음과 발성을 위한 손 유희.
- 역할 연기를 위한 손 유희.
- 생활 주제에 따른 손 유희.
- 박수 손 유희.
- 동시 손 유희.
- 동화 손 유희.

4. Finger play의 유의사항

- 무조건적인 '교사 시범-유아 모방'식 교수방법은 유아의 주도성과 창의성을 저해할

우려가 큼.

- 적절한 발문을 통하여 유아가 내용을 파악하게 함.
- 표현을 스스로 만들어 보게 함.
- 획일적인 Finger play 습득이 아닌 자신들의 생각과 표현을 언어와 동작으로 만들어 창의성과 성취감을 느끼게 함.
- 유아의 능동적인 역할과 언어 학습의 과정을 중시하는 것이 중요함.

5. Finger play의 지도방법

- 교사와 아동이 상호작용을 하기 위해서는 먼저 교사가 모델을 보여주고 아동들은 교사의 행동을 모방함.
- 매번 수업시간마다 수업의 도입 부분에 유아들에게 강화를 주어 수업에 활용함.

교사

-(손을 들어 이마에 대고 바깥을 보는 시늉을 하면서) How's the weather today?

아동

-(비가 내리는 모습을 손동작으로 나타내면서) It's rainy.
-(바람이 부는 시늉을 하면서) It's windy.
-(눈이 내리는 모습을 손동작으로 나타내면서) It's snowy.
-(해가 비취는 모습을 손동작으로 나타내면서) It's sunny.

- 간단한 날씨에 대한 Finger play의 예

-How's the weather? (손을 좌우로 이마에 얹고 밖을 보며)
-It's sunny(*2) It is sunny now. (손을 좌우로 반짝-박수)
-It is sunny now. (양손 펼치고 웃기)
-How's the weather? (손을 좌우로 이마에 얹고 밖을 보며)
-It's rainy(*2) It is rainy now. (비 오는 흉내 내기-박수)
-It is rainy now. (한 손은 허리에 얹고 다른 손은 우산 든 동작)

6. Finger play의 학습지도안(좌승화외, 2005:260)

단원	Feeling	주제	Happy face
학습목표	여러 가지 감정 표현을 영어로 말할 수 있다. 여러 가지 감정을 얼굴로 표현할 수 있다.		
학습과정	교수-학습활동	도구 및 유의점	
도 입(5분)	*Greetings -Hello, everyone! How are you feeling? -How's the weather? *Review the last lesson. -지난 주 주제 [I'm happy]를 간단히 복습 후 [I'm so happy] song을 motion과 함께 함.	*Motion	
전 개(20분)	*Let's study. -여러 가지 감정표현 얼굴모양을 융판에 제시한 후 다 함께 얼굴로 표현해 본다. Ex) Let's make happy face.(sad, angry) *Guess what?-game -친구들이 A,B,C팀을 나누어 한 팀에서 한 명씩 감정표현 얼굴과 행동으로 나타내면 다른 팀들이 영어로 알아 맞춘다. *Song-If you're happy. -TPR을 활용하여 지시하고 동작을 한다. 음악에 맞추어 노래를 부르면서 Motion을 한다. If you're happy and know it. Clap your hand! (clap, clap!) If you're happy and know it. Then your face will really show it. If you're happy and know it. Clap your hand! (clap, clap!)	-융판 -감정표현 얼굴카드 *Motion(10분) -Audio tape *동작을 동사를 바꾸어 사용 -Stomp your feet -say, "hooray"! -do all three	
정 리(5분)	*확인 및 정리 -오늘 학습한 내용을 감정 표현 얼굴 카드로 확인을 하고 정리한다. *끝인사 -Good bye, see you again	-융판 -감정표현 얼굴카드	

7. Finger play의 지도방향

- 모방과 자극을 통하여 제시된 언어 자극을 학습할 수 있음.
- 교사의 일방적인 주도는 유아들의 산만한 수업 분위기에서 간단히 짧은 시간을 주의 집중 시킬 수 있음.
- 아동들의 태도가 수동적, 획일적일 수 있음.
- 아동들의 능동적인 참여를 응용.
- 어느 정도 영어 수업을 진행하였거나 영어 노래를 배운 후 팀을 나누어 Finger play를 만들게 하여 발표하는 시간을 가져 볼 수 있음.
- 창의적이고 재미있는 Finger play를 유도할 수 있음.

제2강 Finger play 실제 적용의 예 1

학습개요

1. Peek-a-boo
2. Bouncing Baby
3. Gotcha!
4. Clap Your Hands
5. Post-It Fun
6. Nose Nose Nose Game
7. Head and Shoulders
8. Brush Tickling
9. Hokey pokey
10. Teddy Bear
11. Shadow Game
12. Which Finger?
13. What Can You Do?

1. Peek-a-boo

- 까꿍 놀이.
- 대상: 만 0-2세.

- 영어: peek(엿보다) 등의 까꿍 놀이 표현.
- 준비물: 손수건이나 종이.
- 방법: 손으로 얼굴을 가리고 Peek, Peek… 하면서 살짝 살짝 엿보기를 반복하다가 큰 소리로 Peek-a-boo! 하며 얼굴을 내보이는 놀이. 까꿍 놀이.
- 대상: 만 0-2세.

Peek-a-boo

Peek… Peek… Peek-a-boo!
Peek… Peek… I see you!
Where is Mommy? Where am I?
Jaeyoon, do you know where I am?
Surprise! Here I am!

Oh, you can't see anything. Where has Mommy gone?
Let's uncover your eyes. Tada! Now you can see.
Hi, there! Guess who I am!
Who is talking? Shall we take a look?
Oh, it was Teddy. Hello, Teddy. Nice to see you.

2. Bouncing Baby

- 아기 굴러주기.
- 대상: 만 0-3세.
- 영어: up(위), down(아래) 등 위아래로 구르는 것에 관한 표현.
- 준비물: 의자
- 방법: 우리나라에도 잘 알려져 있는 영어권의 전래동요 〈London Bridge〉를 부르며 하는 놀이. 엄마는 의자에 앉은 상태에서 아이를 무릎 위에 올려놓고 노래를 부르면서 다리를 위아래로 굴러줌.

Bouncing Baby

Sit on Mommy's lap.

I'll bounce you up and down.
This way. Bounce, bounce, bounce!

London Bridge
London bridge is falling down,
Falling down, falling down,
London bridge is falling down,
My fair lady!

Bouncing Baby
Bouncing baby up and down,
Up and down, up and down,
Bouncing baby up and down,
Down goes Jaeyoon!

3. Gotcha!

- 잡기놀이
- 대상: 만 0-3세
- 영어: 도망가고 쫓아가서 잡는 것에 관한 표현
- 방법: 엄마가 아이 뒤를 천천히 쫓아가며 잡는 척 하면 아기들은 신이 나서 도망을 간다. 쫓아갈 때는 사자 흉내 등 무서운 소리를 내보고, "잡았다!"라고 할 때는 I've got you! 또는 간단히 줄여서 Gotcha!라고 큰 소리로 말해보자.

Gotcha!

Stop, you little rascal! I'm going to catch you!
Whew! You're crawling too fast.
Crawling, crawling. I'm getting closer.
I've almost got you. Gotcha!

Where is my baby? I can't see him/her.
Is he/she in the fridge?
Jaeyoon, where are you? Mommy is looking for you.
Come and play with me. Mmm··· Where did he/she go?
Here I am, Mom!
There you are, Sweetie! Here's a big hug!

4. Clap Your Hands

- 손뼉 치기.
- 대상: 만 1세 이상.
- 영어: clap, wiggle 등 손동작에 관한 표현.
- 방법: 아이들이 가장 먼저 배우고 간단히 할 구 있는 동작. 손뼉을 빨리 치기도 하고 느리게 치기도 하면서 리듬을 타보자. 그 외에 손 흔들기, 손가락 움직이기 등 손으로 살 수 있는 여러 가지 동작을 해보자.

Clap Your Hands

Can you clap your hands?
Yes, this way. Clap, clap, clap.
Clap your hands quickly.
Clap them slowly this time.
Wiggle your fingers like Mommy. Wiggle, wiggle, wiggle.

Clap Your Hands

Clap, clap, clap your hands as slowly as you can.
Clap, clap, clap your hands as quickly as you can.

Roll, roll, roll your hands as slowly as you can.
Roll, roll, roll your hands as quickly as you can.

5. Post-It Fun

- 포스트 잇 놀이.
- 대상: 만 2세 이상.
- 영어: 얼굴 부위 이름. 붙이고 떼는 동작표현
- 준비물: 여러 가지 색의 포스트잇
- 방법: 눈, 코, 입 등 얼굴에 관한 표현을 가르쳐 줄 때, 얼굴 여기저기에 포스트 잇을 잔뜩 붙이면서 우스꽝스러운 모습을 연출하는 재미가 있다.

Post-It Fun

These are post-its. I'll stick some on your face.
Let's use a red one. This is your nose.
Since you have two eyes, let's use blue ones.
Here are your eyes.
Look at the mirror. You look so cute.
Now you put some one Mommy's face.
Where is Mommy's chin? Here.

Rickety, Tickety, Look at me

Rickety, Tickety, Look at me.
Where is Mommy's pretty nose? Here!
Rickety, Tickety, Look at you.
Where is Haeyoon's pretty mouth? Here!

6. Nose Nose Nose Game

- 코코코 놀이
- 대상: 만 2세 이상
- 영어: 얼굴 부위의 이름, point
- 방법: 아이가 얼굴에 관한 영어 단어만 알면 할 구 있는 놀이. 별다른 준비물 없이 간단하게 할 수 있을 뿐만 아니라, 기습적으로 엉뚱한 곳을 짚어 실수를 유도하는 재미가 있다.

Nose Nose Nose Game

Let's play the nose, nose, nose game.
Point to your nose like this.
And tap your nose. Tap, tap, tap…
O.K. Let's get started. Nose, nose, nose, nose… eye!
Oh, no. that's wrong. I said "eye."
You have to point to your eye.
Don't do what I do. Do what I say.
Let's try it again. Nose, nose, nose, nose, chin!
That's right. It's your turn now.
Nose, nose, nose, nose… nose!
Oh! That is wrong.

7. Head and Shoulders

- 머리 어깨
- 대상: 만 2세 이상
- 영어: 신체 부위에 관한 표현
- 방법: '머리 어깨 무릎 발'이라는 가사로 우리에게 익숙한 노래를 영어로 불러보자. 가사를 그대로 동작으로 표현하면서 각 신체 부위 이름을 재미있고 쉽게 익힐 수 있다.

Head and Shoulders

Copy me. Touch your head like this.
Do it with both hands.
Touch your toes. I said toes, not your feet.

Head and Shoulders

Head and shoulders, knees and toes, knees and toes.

Head and shoulders, knees and toes, knees and toes.
Eyes and ears and mouth and nose.
Head and shoulders, knees and toes, knees and toes.

Neck and Tummy

Neck and tummy, thighs and hips, thighs and hips.
Neck and tummy, thighs and hips, thighs and hips.
Cheeks and chin and eyebrows and lips.
Neck and tummy, thighs and hips, thighs and hips.

8. Brush Tickling

- 붓으로 간질이기.
- 대상: 만 2세 이상
- 영어: 신체 부위에 관한 표현
- 준비물: 부드러운 미술용 붓이나 화장용 솔
- 방법: 붓과 같은 소품으로 간질이면서 신체 부위에 관한 표현을 알려주는 놀이. 아이가 간지럼을 많이 타는 부분을 공격하면서 붓으로 간질여보자.

Brush Tickling

Look. These are paint brushes.
Mommy's going to tickle you with them.
Here is your belly button.
Shall I tickle your arms? I have to use both brushes.
A foot! Two feet! Are your knees ticklish?
Where do you want to be tickled?
Here. My hands. (Giggle, giggle.)
Uh-oh. Don't make any sound.
No laughing. Or I'll quit the game.
O.K. I'll be quiet. I promise. (Giggle, giggle.)

9. Hokey pokey

- 호키 포키.
- 대상: 만 3세 이상
- 영어: right/left와 in/out
- 방법: 호키 포키는 "다 함께 왼발을 안에 넣고, 왼발을 밖으로 빼고…" 하는 번안곡으로 많이 불리는 노래로서, 동작과 오른쪽 · 왼쪽, 안 · 밖을 가르칠 때 재미있게 응용할 수 있다.

Hokey pokey

Where is your right hand?
Here it is.
No, that's your left hand.
You use your right hand when eating.
Put your right hand in. I said "in"
O.K. Let's shake it! Let's turn around!

Hokey Pokey

You put your left hand in.
You put your left hand out.
You put your left hand in
And you shake it all about.
You do the Hokey Pokey
And you turn yourself around.
That's what it's all about!

You put your right hand in.
You put your right hand out.
You put your right hand in

And you shake it all about.
You do the Hokey Pokey
And you turn yourself around.
That's what it's all about!

10. Teddy Bear

- 꼬마야 꼬마야.
- 대상: 만 3세 이상
- 영어: 동작을 지시하는 표현
- 방법: 꼬마야 대신 Teddy Bear를 넣어서 부르는 것으로서, 1절의 동작은 우리말 노래와 똑같기 때문에 같이 불러보기에 좋고, 2절은 잠을 재우는 가사이므로 잠자기 전에 불러주기 좋다.

Teddy Bear

Teddy Bear, Teddy Bear, turn around.
Teddy Bear, Teddy Bear, touch the ground.
Teddy Bear, Teddy Bear, show your shoe.
Teddy Bear, Teddy Bear, that will do.

Teddy Bear, Teddy Bear, go upstairs.
Teddy Bear, Teddy Bear, say your prayers.
Teddy Bear, Teddy Bear, switch off the light.
Teddy Bear, Teddy Bear, say good night.

Hold up your hands.	Put down your hands.
Wave your hands.	Flap your arms.
Bend your arms/knees.	Straighten your arms/knees.
Turn to your left.	Turn to your right.
One step backward	One step forward.

Teddy Bear
Let's play the Teddy Bear game.
Do what I say when I say "Teddy Bear."
When I don't say "Teddy Bear" don't do anything.
Teddy Bear, Teddy Bear, "Turn to the left."
Teddy Bear, Teddy Bear, "One step back."
Jump up high!
Oh, oh. Listen carefully.
Did I say, "Teddy bear, Teddy Bear?"
No.
You must be tickled for that.

11. Shadow Game

- 그림자놀이.
- 대상: 만 3세 이상
- 영어: 그림자 동작, 동물에 관한 표현
- 방법: 잠자기 전에 머리맡에 양초를 켜고 아이들과 함께 그림자놀이를 해보자. 초를 안전한 곳에 고정시켜 놓고, 벽에 생기는 그림자 모양을 보면서 아이와 함께 상상의 나래를 펼쳐보자.

Shadow Game

Let's play the shadow game!
First, let's light the candle.
Don't touch it. You might burn yourself.
Now, let's turn off the light.

Look at the wall.
What are those things?
They look just like us. Those are our shadows.

Raise your hands. Put them down.
The shadows copy us.
Stretch your arms out like this.
Let's pretend that we are birds. Flap, flap!
Shadow Game
Guess what it is.
What shape is that?
A bird!

Right. Put your hands like this.
You made another bird.

What does that look like?
A fox!
Guess again. Arf! Arf!
A dog!
You got it.

12. Which Finger?

- 어느 손가락.
- 대상: 만 3세 이상
- 영어: 손가락 이름. 추측하고 맞추는 것에 관한 표현.
- 방법: 엄마가 손가락으로 아이의 목 뒷부분을 누르고 아이는 무슨 손가락인지 맞히는 놀이. 손가락의 느낌을 감지해내기 위해 집중하면서 아이의 촉각을 발달시킬 수 있다.

Which Finger?

Open your hand.
I'll tell you the names of the fingers.

This one is your thumb. It is short and fat.
This one is your pointer (finger).
Because we use this finger when pointing.
This one is your middle finger.
Because it is in the middle.
This one is your ring finger.
We usually wear rings on this finger.
And this one is your pinky.
It is the smallest finger of all.
Which Finger?
Put your head down.
Mommy's going to touch the back of your neck with one finger.
Okay. Which finger was it? Guess.
This one?
My thumb? No~.
Then… your pointer (finger)?
You're right. It was my pointer (finger).
You try it this time.
Okay. Which finger?
Well, it felt like a tiny finger. Your pinky?
Right.

13. What Can You Do?

- 뭘 할 수 있니?
- 대상: 만 3세 이상.
- 영어: 발, 손, 손가락이 하는 일에 대한 표현.
- 방법: 우리 몸 중에 제일 기능이 많은 부분인 발과 손, 손가락이 하는 일을 떠올려보는 놀이. 동작을 나타내는 동사를 익혀보고, 노래를 부르면서 각 동작을 표현해보자.

What Can You Do?

What can you do with your feet?
I can jump.
Right. Let's jump. Jump! Jump!
We also can tiptoe.
Let's tiptoe. Tiptoe, tiptoe.
What else can you do?
Mm··· I can hop.

My Feet

Walking, walking, walking, walking,
Hop, hop, hop, hop, hop, hop,
Running, running, running,
Jumping, jumping, jumping,
Busy feet. Busy feet.
Walking, walking

My Hands

Clapping, clapping, clapping, clapping,
Wave, wave, wave, wave, wave, wave,
Rubbing, rubbing, rubbing,
Shaking, shaking, shaking,
Busy hands. Busy hands

My Fingers

Wiggle, wiggle, wiggle, wiggle,
Count, count, count, count, count, count,
Snapping, snapping, snapping,
Pointing, pointing, pointing,
Busy fingers. Busy fingers

제3강 Finger play 실제 적용의 예 2

학습개요

1. This Little Piggie
2. Slowly, Slowly
3. Round the Garden!
4. Whoops, Johnny!
5. The Chimney
6. Knock, Knock!
7. Bumblebee
8. Whose Hat?
9. Two Little Black Birds
10. Three Little Sausages
11. Five Little Peas
12. Five Little Monkeys
13. Ten in a Bed

1. This Little Piggie

- 이 아기 돼지.
- 대상: 만 0세부터.
- 영어: pig, 행동을 나타내는 표현.
- 방법: 발가락 다섯 개가 꼬물거리는 것이 아기돼지 같아서 생긴 라임.아이를 눕히거나 앉혀놓고 아이 발가락을 하나씩 잡으며 돼지 다섯 마리가 각각 무엇을 했는지 얘기해 준다.

This Little Piggie

Sit on Mommy's lap.

I'll massage your toes.

There are five little piggies.

I'll tell you what they did.

This Little Piggie
This little piggie went to market.
This little piggie stayed at home.
This little piggie had roast beef.
This little piggie had none.
And this little piggie cried wee wee wee…
All the way home.

2. Slowly, Slowly

- 느리게, 느리게.
- 대상: 만 0세부터.
- 영어: slowly, quickly, snail, mouse 등.
- 준비물: 부록의 달팽이・생쥐 손가락 인형
- 방법: 느리게 기어가는 달팽이의 모습과 빠르게 달려가는 생쥐의 모습을 손가락으로 표현하는 놀이.

Slowly, Slowly

Look at this! It is a snail.
Snails creep very slowly.
And this is a mouse.
Mice can run very quickly.

Slowly, slowly, very slowly,
Creeps the little snail.
Slowly, slowly, very slowly,
Up the wooden rail.

Quickly, quickly, very quickly,
Runs the little mouse.
Quickly, quickly, very quickly,
All around the house.

3. Round the Garden!

- 정원을 돌아
- 대상: 만 0세부터
- 영어: round, mouse, teddy bear 등.
- 준비물: 생쥐 · 곰인형 손가락 인형.
- 방법: 작은 생쥐가 정원을 돌아 자기 집으로 간다는 내용의 라임. 아이의 손바닥에서 시작해서 팔을 타고 기어 올라가 겨드랑이를 간질이는 손가락놀이를 할 수 있다.

Round the Garden!

It is a mouse. It's going to his house.
And this is a teddy bear. Where is it going?

Round the Garden

Round and round the garden
Goes the little mouse.
Up, up, up he creeps,
Up into his house.

Round and round the garden
Goes the teddy bear.
One step, two steps,
Tickle you under there.

4. Whoops, Johnny!

- 어이쿠, 자니!
- 대상: 만 1세 이상.
- 영어: Whoops.
- 방법: 손가락을 산봉우리처럼 생각하고 넘어가듯 율동을 해주는 귀여운 라임. Whoops는 실수를 하거나 물건을 떨어뜨렸을 때 내는 감탄사인데, 여기서는 산을 오르다 미끄러지면서 내는 소리다.

Whoops, Johnny!

This finger's name is Johnny.
He is going to climb the mountain.
Johnny, Johnny, Johnny, Johnny!
Oh, no! There is too much space between two fingers.
So he can't jump that far, and he slips down. Whoops!

Whoops, Johnny!
Johnny, Johnny, Johnny, Johnny.
Whoops, Johnny!
Whoops, Johnny!
Johnny, Johnny, Johnny.

5. The Chimney

- 굴뚝.
- 대상: 만 2세 이상.
- 영어: Santa, chimney 등 산타에 관한 표현.
- 준비물: 산타클로스 손가락인형.
- 방법: 엄지에 장난스럽게 산타의 얼굴을 그려 주어도 좋다. 라임을 부르며 손가락 놀이를 하다가 마지막 pop! 부분에서 산타가 재빨리 튀어나오는 동작을 해주면 아이들이 아주 재미있어한다.

The Chimney

Merry Christmas, Haeyoon!
Merry Christmas, Father Christmas!
Do yo know how Santa comes in?
Mm··· the door?
No. I come down the chimney.

The Chimney
Here is the chimney,
Here is the top,
Open the lid,
Out Santa will POP!

6. Knock, Knock!

- 똑, 똑!
- 대상: 만 2세 이상
- 영어: 문을 두드리고 초인종을 누르는 등 집안으로 들어가는 표현.
- 방법: 아이의 얼굴을 대문 삼아 두드리기도 하고, 초인종을 누르는 등의 표현을 장난스럽게 하면서 부를 수 있는 라임. 라임에 익숙해지면 실제 집으로 들어갈 때도 불러보자.

Knock, Knock!

This finger going to go into Jaeyoon's house.
His forehead is the door. Knock, knock!
His eyes are the windows. Should we peep inside?
His ears are the bells. Ring, ring!
His nose is the latch. Open the latch.

Now it can go into his mouth.
Say, "Hello. How do you do?"

Knock, knock!
Knock, knock,
Peep in,
Ring the bell,
Open the latch,
And walk right in.
How do you do,
Mr. Chiny, Chin, Chin?

7. Bumblebee

- 벌 놀이.
- 대상: 만 2세 이상
- 영어: bumblebee, 신체에 관한 표현.
- 준비물: 벌 손가락 인형.
- 방법: 벌 모양의 손가락 인형을 끼고 벌처럼 쏘는 놀이도 해보고 벌에 관한 라임도 불러보자. 엄마는 손가락 인형을 끼고 벌 소리를 내면서 아이를 공격한다.

Bumblebee

Look! Here's a bumblebee. Bzzz…
Watch out. He's going to sting you. Bzzz…
Where should I sting you? Bzzz…
Your head? Your ear? Your mouth? Your tummy?
Bzzz… Your foot! I stung your foot!

Bumblebee

Bumblebee was in the barn,
Carrying his dinner under his arm.
Bzzzzzzzz…zt!
(I stung your nose!)

8. Whose Hat?

- 누구 모자?
- 대상: 만 3세 이상
- 영어: grandma, grandpa, 소유격 표현, 사물의 이름.
- 준비물: 가족의 물건(모자나 안경)
- 방법: 가족의 물건을 이용해서 누구의 것인지 물어보자. 사물의 이름은 물론, 소유격 표현도 자연스럽게 익힐 수 있다.

Whose Hat?

Whose hat is this?
It's Daddy's hat.
Right. It's too big for you.
Whose glasses are these?
They're Grandpa's glasses.
Right. They're too big for you.

Grandma's Glasses

Here are Grandma's glasses,
Here is Grandma's hat,
This is the way she folds her hands,
And lays them in her lap.
Here are Grandpa's glasses,

Here is Grandpa's hat,
This is the way he folds her arms,
Just like that.

9. Two Little Black Birds

- 작고 검은 새 두 마리.
- 대상: 만 3세 이상
- 영어: bird, fly away 등 새에 관한 표현.
- 준비물: 검은 새 손가락 인형 2개.
- 방법: 새 모양의 손가락 인형을 검지에 끼고 새가 날아가는 흉내를 내는 놀이. 새의 색깔을 바꿔서 다른 색 이름을 넣어서도 해보고, 이름도 아이의 이름으로 바꿔서도 불러보자.

Two Little Black Birds

Here are birdie finger puppets.
This bird is named Peter.
And this one is called Paul.
I'll show you a finger play. Watch me.

Two Little Black Birds
Two little black birds sitting on a wall,
One named Peter, one named Paul.
Fly away, Peter! Fly away, Paul!
Come back, Peter!
Come back, Paul!

10. Three Little Sausages

- 작은 소시지 세 개.
- 대상: 만 3세 이상
- 영어: 숫자 1-3, sausage, get hot 등.
- 준비물: 소시지 손가락 인형 3개.
- 방법: 소시지 세 개가 뜨거운 프라이팬 위에서 차례로 Bam! 하고 터져버리는 내용의 라임. 손가락을 움직여 뜨거운 프라이팬 위에서 소시지가 볶이는 흉내를 내는 것도 재밌지만, 마지막에 Bam! 부분에서 손을 마주쳐서 큰 소리를 내어 아이를 깜짝 놀라게 하는 것이 가장 재밌다.

Three Little Sausages

Here are three sausages.
Do you want to eat them? Yes, I do.
Then I'll fry them for you.

Three Little Sausages

Three little sausages frying in the pan,
The pan got hot and one went BAM!
Two little sausages frying in the pan,
The pan got hot and one went BAM!
One little sausages frying in the pan,
The pan got hot and one went …
"Wait, wait! Put me on your plate and eat me!"

11. Five Little Peas

- 꼬마 완두콩 다섯 개.
- 대상: 만 3세 이상
- 영어: Pea, grow 등.
- 방법: 콩깍지 속에서 점점 통통해지면서 자라는 귀여운 콩을 생각하며 하는 놀이. 마지막에 Pop! 하고 소리치면서 크게 손뼉을 치는 부분이 가장 재미있다.

Five Little Peas

Do you know where peas live?
They live in a peapod.
They grow and grow in a peapod.

Five Little Peas
Five little peas in a peapod pressed
One grew,
Two grew,
So did all the rest.
They grew and grew and did not stop,
Until one day the pod went POP!

12. Five Little Monkeys

- 꼬마 원숭이 다섯 마리.
- 대상: 만 3세 이상
- 영어: 숫자 1-5, monkey, 뛰고 떨어지는 등 동작 표현.
- 방법: 원숭이 다섯 마리가 침대 위에서 뛰어 놀다가 한 마리씩 떨어져서 머리를 다친다는 내용의 라임. 아이와 함께 침대 위에서 신나게 뛰어 놀면서 부를 수도 있고, 인형을 이용해서 놀이를 할 수도 있다.

Five Little Monkeys

Look. Here are five little monkeys.
They like to jump on the bed.
Will you listen to their story?
Yes, I will!

Five Little Monkeys
Five little monkeys jumping on the bed.

One fell off and bumped his head.
Mama called the doctor and the doctor said,
"No more monkeys jumping on that bed."

* Four, three, two, one(5절에서는 He fell off라고 함)

13. Ten in a Bed

- 침대 위에 열 명.
- 대상: 만 3세 이상
- 영어: 숫자 1-10. roll over, fall out.
- 방법: 총 10절로 되어 있어 다소 긴 라임. 숫자가 줄어들면서 반복되는 내용이기 때문에 아이들이 쉽게 이해할 수 있음. 크레파스 등 잘 굴러가는 소품을 이용해서 직접 굴리고 떨어뜨리면서 불러보자.

Ten in a Bed

Let's pretend this is a bed.
Here are ten oil pastels.
They're going to roll over.
What would happen next?

Ten in a Bed

There were ten in a bed and the little one said,
"Roll over, roll over."
So they all rolled over and one fell out.

* nine, eight, seven, six, five, four, there, two
2절부터는 in a bed 대신 in the bed라고 함.

There was one in the bed and the little one said,
"Hee hee. Good night"

Quiz

Q1. Finger play란 무엇인가?

Q2. Finger play의 종류에 해당하지 않는 것은? (　　)
① 주의 집중을 위한 손 유희　② 창의성을 더해주는 손 유희
③ 발음과 발성을 위한 손 유희　④ 노래연습을 위한 손 유희

Q3. Finger play의 종류에 해당하지 않는 것은? (　　)
① 역할 연기를 위한 손 유희　② 생활 주제에 따른 손 유희
③ 박자 손 유희　④ 동화 손 유희

Q4. Finger play의 한 예를 제시하고 교육적 효과를 설명하시오.

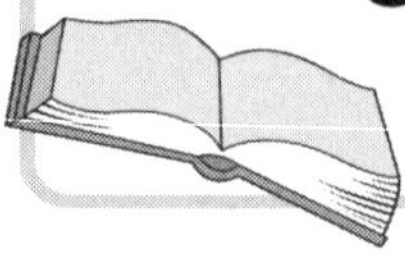

Lesson 6 | 동화

아동들은 무한한 상상력을 가지고 있고 새로운 내용을 창조하길 즐긴다. 동화는 이러한 아동들의 상상력을 길러주고 정서를 풍부하게 하는 역할을 한다. 아동들의 집중력이 짧기 때문에 조용한 시간을 가질 수 있는 잠자기 전의 시간대를 이용해서 동화를 읽어주면 아동들은 나름대로의 상상력을 펼치며 편안한 마음으로 잠자리에 들 수 있다. 부모님의 목소리로 들려준 동화를 원어민의 테이프를 이용해서 반복적으로 듣게 된다면 이야기 내용 뿐 아니라 언어적 표현까지도 같이 학습하게 되는 효과가 있다. 다한 아동들은 이야기속의 주인공이 되어 자신의 세계를 만들고 상상할 수 있다.

제1강 | Storytelling의 학습효과

학습개요

1. 동화(Fairly tales)
2. 동화의 역할
3. 동화의 교육적 효과
4. 동화의 교육적 장점
5. 미국의 대표적인 도서상
6. 미국의 영어 동화책
7. 유아를 위한 부모의 실천 방법
8. 저학년 아동을 위한 부모의 실천 방법
9. 고학년 아동을 위한 부모의 실천 방법
10. 구연하기 전의 준비사항

1. 동화(Fairly tales)

• 역사적으로 즐기는 것뿐만 아니라 유아의 교육에도 유용하게 사용되어 옴.

- 2~7세 사이의 전조작기 유아에게 동화에 대한 경험은 읽기 학습에 대한 흥미와 후의 태도를 형성하는 첫 단계로서 매우 중요함.
- 유아기에 들은 동화는 성년이 된 후에도 그 효력을 가짐.
  - 내가 실제 인생에서 배운 것보다 어릴 때 동화 속에서 더 깊은 의미를 찾았다-독일의 시인 쉴러
- 이야기의 내용보다 이야기를 들려주는 사람의 체온, 부모와 가정의 사랑, 안전감 등을 느낌.
- 정서가 안정되고 분화해 가며 언어의 리듬, 고저, 장단 등의 음악적 요소를 즐기면서 배워감.

2. 동화의 역할

- 흥미와 동기유발을 불러일으킴.
- 구어와 문어를 포함하는 언어발달에 있어 가장 풍부한 맥락을 제공.
- 동화를 듣고 말해 봄으로써 이야기할 경험을 가지게 되고 동화를 들음으로써 듣는 것을 학습하고, 생각의 연속을 기억하는 것을 배움.
- 어휘가 증가하게 되고 자신의 경험적 배경을 확장시킴.
- 그림책을 반복해서 읽어 줄 때 이야기에 대한 발화가 증가하고 책에 사용된 어휘에 익숙해짐.
- 상상력, 사고력, 창의력을 길러줌.
- 경험을 확장시키고 풍부하게 해줌.
- 세상을 잘 이해하며 살 수 있도록 도와줌.
- 자기를 표현할 수 있고 언어적 능력, 심미적 감상력을 기르는 데 중요한 역할을 함.
- 영어 듣기와 말하기 교육에 활용되어짐.

3. 동화의 교육적 효과

- 흥미 있는 이야기를 듣고 말하며, 역할극 등을 통하여 유아 자신이 직접 이야기의 주인공이 되어 역할을 해봄.

- 영어에 대한 친밀감을 느끼게 함.
- 영어학습에 대한 동기를 높여 주는 최적의 학습방법.
- Brewster, Ellis & Girard(1992)
  - 동기부여의 의미를 강조
  - 사회적인 경험의 공유
  - 유아의 듣기 능력과 시각자료를 통한 집중성의 향상.

4. 동화의 교육적 장점

- 올바른 어감을 쉽고 자연스럽게 습득할 수 있음.
- 동화의 문장들은 간결하면서 같은 문장이 반복되는 경우가 많음.
- 연극 활동도 하면서 언어를 학습함과 동시에 또래간의 상호작용을 통한 협동과 조화로 생활지도에 큰 도움이 됨.
- 맑고 깨끗한 언어로 정제된 동화내용을 담음.
- 올바른 가치관과 이상을 세워주는 데 중요한 역할을 하기도 함.

5. 미국의 대표적인 도서상

- 칼데코(Calldecott)
  - 삽화가에게 주어지는 상.
    동화 그림의 미술성이나 내용과의 일치성을 고려함.
    매년 3월~4월에 전년의 출판동화를 대상으로 수여됨.
- 뉴베리(Newberry)
  - 책의 내용을 고려하여 수상.
    주로 동화책에 수여하긴 하지만 Chapter book도 수상작으로 나오기도 함.
    교훈적인 내용이 많음.

6. 미국의 영어 동화책

- Authentic 스토리 북
  - 칼데코상이나 뉴베리상 등을 수상한 이야기 내용중심의 동화책

- Readers 시리즈
  - 1980년대
    미국 초등학생들이 언어 능력이 하락하는 현상에 대처하기 위하여 단계별로 읽기 교재를 개발.
    내용보다는 읽기 연습을 위하여 개발된 동화책.

7. 유아를 위한 부모의 실천 방법

- 잠자리에서 책을 읽어준다
- 같은 책을 되풀이해서 들려준다.
- 자녀에게 종이와 색연필 혹은 크레파스를 준다.
- 메시지를 글로 써서 전달한다.
- 자녀의 소지품에 꼬리표를 단다.
- 서로 돌아가면서 책을 읽는다.
- 동시를 읽는다. (가장 탁월한 수단은 운율이다)
- 소리놀이를 한다.
- 빈 칸 메우기를 한다
- 책을 통해 여행 놀이를 한다
- 동화책을 통해 기억 상자를 만든다. (동화 속의 이야기를 중심으로 숲, 바다, 조개 등으로 만든다)

8. 저학년 아동을 위한 부모의 실천 방법

- 아동의 관심에 따라 책을 선택한다.
  - 동물에 관심이 있다면 동물 책을, 자동차에 대한 관심이 있다면 자동차의 내용이 담긴 책을 선택해줌.
- 부모가 어렸을 때, 좋아하고 즐겨 읽던 책을 아동과 함께 읽는다.
- 동화책을 모으는 작업을 해본다.
  - 빈 책꽂이를 마련하고 아동이 읽었던 동화책을 차례로 꽂아둠. 빈 공간이 다 채워지면, 아동이 원하는 선물을 함.

- 유머 시리즈 이야기를 선택한다.
- 스포츠에 관한 책을 선택한다.
- 더불어 살아가는 우리들의 삶이 담긴 책을 선택한다. (공동생활을 통한 협동, 양보, 이해)
- 동생이 있다면, 동생에게 큰 소리로 책을 읽어주는 시간을 마련한다.
- 주제를 선정하여 아동과 함께 가상의 책을 만들어본다
- 독후감 공책을 마련하여 감상문을 쓰도록 한다. 모든 느낌을 기록해 둔다.
- 작가에게 편지를 쓰는 습관을 기른다.
- 여러 정보에 관한 책을 선택하여 아동의 호기심을 충족하도록 한다
- 아동이 관심 있는 분야를 스크랩하도록 스크랩북을 만들어 활용한다.
- 시간이 있을 때마다 도서관에 간다. 부모도 책에 관심이 있다는 것을 보여준다.
- 시간을 정해 큰 소리로 낭독하도록 한다
- 읽었던 책 목록을 만들도록 한다

9. 고학년 아동을 위한 부모의 실천 방법

- 아동이 선호하는 분야의 책을 선택한다.
- 진지하게 생각하는 책을 추천한다.
- 아동의 고민을 해결할 수 있는 내용의 책을 추천한다.
- 아동의 과제에 함께 참여한다.
- 동화를 이용해 자신의 생각을 덧붙여 표현해 보도록 한다.
- 특별히 선호하는 청소년 잡지를 선택한다.
- 혼자서 책 읽기를 좋아해도, 때로는 누군가가 책을 읽어주기를 원한다.
- 따라서 고학년이라 해도 시간을 정해 엄마와 아동이 함께 돌아가면서 큰소리로 읽는다.
- 항상 긍정적인 말과 격려로 독서의 흥미를 잃지 않도록 한다.

10. 구연하기 전의 준비사항

- 구연자의 마음가짐

- 목적의식이 있어야 한다.
- 자신감을 가져야 한다.
- 구연에 방해가 되는 자신의 버릇과 잘못된 행동을 고쳐야 한다
- 구연 내용에 맞게 단정한 옷차림이 되어야 한다.

• 구연의 내용
  - 청자들의 연령과 발달 수준을 고려하여 내용을 선택한다.
  - 내용은 재미있고 변화가 있어야 한다.
  - 예술적이고 아동을 바르게 이끌어 줄 수 있는 작품을 선정한다.
  - 아동의 생활과 밀접한 내용을 선정한다.

• 청자의 특성과 환경
  - 청자의 특성을 파악한다.
  - 환경을 고려해야 한다.

제2강 | Storytelling의 실제 1

학습개요

1. 0~3개월의 유아 영어동화 학습법
2. 3~7개월 유아 동화 학습법
3. 8~18개월 유아 영어동화 학습법
4. 8~18개월 추천교재
5. 19~28 개월 유아 영어 동화학습법

1-1. 0~3개월의 유아 영어동화 학습법

• 태중 아이에게 영어로 이야기를 들려주거나 대화를 하고 영어노래를 들려주면 아기는 영어 특유의 리듬에 익숙해지고 성장하면서 언어 흡수력이 빨라짐.

• 언어라는 것은 습관의 형성으로 이해하는 것이 바람직함.

• 여러 가지의 언어를 한꺼번에 접해주더라도 모두 다 모국어처럼 자연스럽게 받아들일 수 있는 능력이 있음.

- 정확한 네이티브 스피커 발음의 오디오를 꾸준히 들려주고 다정한 부모님의 목소리로 아름다운 영어 이야기를 들려주는 것이 이 시기에 해줄 수 있는 최상의 방법임.
- 활동이 자유롭지 못하므로 주로 가만히 누워서 주변의 자극에 수동적으로 반응하는 단계.
- 아기의 정신이 맑을 때를 선택해 하루 1-2시간 정도 자장가나 영어 동요 테이프를 틀어주는 것도 그 멜로디에 익숙해지게 하는데 좋음.

1-2. 0~3개월의 유아 영어환경 만들기

- 최대한 자연스럽고도 편안한 분위기에서 엄마가 중점적으로 제공해 줄 수 있는 언어 환경이 매우 중요함.
- 자장가를 부르면서 따뜻한 목소리로 어르면서, 베이비 마사지를 해주면서 계속 영어를 들려주는 것이 좋다.
- 베이비 마사지
  - 아기를 부드럽게 어루만져 주고, 가벼운 터치를 해주는 것.
  - 애정을 전달하는 수단
  - 사랑이 담긴 피부접촉이 중요함.
- 아이의 피부의 감각 능력은 보고 듣는 감각보다도 훨씬 일찍 형성된다고 함.
- 아기가 마사지를 받고 나면 뇌 속에 '세로토닌'이라는 호르몬 분비가 촉진되어 정서가 안정되고 잠을 쉽게 들 수 있음.
- 소화능력이나 배설능력도 좋아지고 순환기와 호흡기능이 향상되어 체중이 증가하는 효과도 있음.
- 영어 표현들

  Let's massage your body.

  I'll rub your head/your shoulders/your back.

  Okay, lie on your tummy like this.

  Lie on your side.

  Okay, lie on your back.

  Let's message your arms.

  I'll rub your chest/tummy.

Now let's do some leg exercises.
Bend your legs. Straighten them out.
I'll rub your legs.
Very good. You feel good, don't you?
I like it best when you smile.

2-1. 03~7개월 유아 동화 학습법

- 뇌 신경학자들의 연구에 의하면 만 3세까지의 경험이 뇌의 성장에 결정적이라는 발표도 있었음.
- 별로 집중을 하지 않는 단계.
- 조용히 앉아서 책 읽기에 귀 기울여 주리라는 것은 기대하지 않는 것이 좋음.
- 아이의 집중력은 개월 수에 비례함.
  - 1개월(1초), 2개월(2초), 6개월(6초)
- 아이들이 가장 자연스럽게 언어를 습득하는 방법은 엄마와 가족들이 해주는 일상적인 말을 통해서임.
- 모든 오감 발달이 서서히 시작되지만 시각적인 면보다 청각적인 면, 촉각적인 면을 더 자극하는 것이 좋음.
- 많이 보여주는 것보다 많이 읽고 들려주는 것, 그리고 베이비 마사지 같은 신체놀이를 열심히 해주는 것이 좋음.
- 아이가 잠드는 시간을 활용하여 영어 환경과 분위기를 조성해주는 것이 좋음.

2-2. 03~7개월 유아 영어환경 만들기

- 연구 결과, 아이가 잠드는 시간 그리고 잠들어 30분까지 우뇌는 가장 활발히 활동한다고 함.
- 이 시간에 많은 말을 해주고 책도 읽어주고 노래도 불러주면 언어 발달면, 정서면에서 좋다고 함.
- 아이가 잠드는 시간에 책 읽어주기를 집중적으로 하고 자장가 위주의 노래도 많이 들려주는 것이 좋음.

- 잔잔한 내용의 책이나 엄마와 아빠의 사랑을 표현해주는 내용이 담긴 동화책이 좋음.
- 아기가 가지고 놀 책
  - Pat the Bunny
  - Face Book.
  - The Musical Moon Book.
  - Good Night, Sleep Tight
  - The Telephone Book.
- 부모가 읽어주는 책
  - Guess How Much I Love You
  - Love You Forever
  - Papa, Please Get the Moon for me
  - Mama, Do You Love Me?
  - I Spy in Art 시리즈
  - 20th century Children's Book Treasure
  - 5 Minute Fairy Tales
  - 5 Minute Good Night Stories
  - Have You Seen My Duckling?
  - Goodnight Moon
  - The Runaway Bunny
  - Cloudland
  - The Little House
  - Harold and the Purple Crayon
  - The Snowy Day.
  - Make way for Ducklings
  - The Rainbow Fish
  - Little Bear
  - Sylvester and the Magic Pebble.

3. 8~18개월 유아 영어동화 학습법

- 기고 걷기 시작해서 한참 활동량이 늘어나 있는 시기.
- 베이비 마사지에서 한 단계 높은, 능동적으로 아기도 참여할 수 있는 여러 가지 액티비티 등을 함께 해주고 노래를 들려주며, 많은 이야기를 건네주면서 발화를 유도하는 게 좋음.
- 적극적인 언어표현이 시작되는 때이므로 부모님들에게 있어서는 더 수월하게 생각될 수 있음.
- 어느 정도 말이 빠른 아이들은 이 시기부터 이미 처음 접한 외국어에 대한 거부반응을 보일 수 있음.
- 영어대화를 통한 접근보다 신나는 노래나 게임 등으로 먼저 시작하는 것이 좋음.
- 아이가 가지고 놀아도 다치지 않도록 안전하게 만들어진 책, 혹은 한참 물고 빠는 시기의 아이들의 손에서도 버티어 낼 수 있는 보드북 위주로 선택을 하시는 것이 좋음.

4. 8~18개월 유아 추천교재

- 부모가 읽어주는 책
  - The very Hungry Catepillar
  - Papa, Please Get the Moon for Me
  - Brown Bear, Brown Bear, What Do You See?
  - The Big Hungry Bear
  - We're Going on a Bear Hunt
  - Goodnight Moon
  - Freight Train
  - Silly Sally
  - Piggies
  - Napping House
  - Mouse Paint
  - Truck

- Here Are My Hands
- Good Night, Gorilla

• 아이가 가지고 노는 책
- I Spy Little Book 시리즈
- My First Board Book 시리즈
- My First Word Book
- Maisy 보드북 시리즈
- Arthur, Sesame등의 입체보드북
- Telephone Book 헝겊책
- Touch & Feel book
- Scratch & Sniff Book
- Pat the Bunny

5. 19~28 개월 유아 영어 동화학습법

- 유아는 첫돌이 지나면서 울지 않고 자기가 원하는 것을 표현할 줄 알게 됨.
- 모든 사물에 저마다의 이름이 붙어있다는 것을 알고 있음.
- 같은 물건을 몇 번씩 가리키면서 '이게뭐야'라고 질문을 즐기기도 함.
- 어휘량이 현저하게 증가함.
- 이중 언어를 시작하기 최적시기라고 할 수 있음.
- 한국어와 영어를 한 번에 습득시틸 수 있음.
- 이 시기에 엄마가 계속 영어로 말해주고 모든 사물에 연관을 시켜주고, 사고 시켜 준다면 빠른 시일 내에 언어를 배워 가는 아이를 보게 될 것임.

▶ 그림책에서 찾기

- 사물이 많이 나와 있는 그림 백과 사전류의 책을 보여주면서 사물의 이름을 물어 볼 수 있음.
- 페이지마다 체크를 하여 What's this? 라고 물어보았을 때 한 페이지에 첫날은 몇 개만 대답을 했나 둘째 날은 몇 개를 대답했나 하는 형식으로 책 구석에 체크를 해 놓음.

- 얼마나 아이가 단어를 많이 알아놓는가는 언어 학습에 큰 재산이 되며 문장을 말할 수 있는 능력의 기본이 됨.
- 아이가 사물을 인지하면서 이름을 외워가는 시기임.

▶ Bathtime Story

- 아이가 집중을 가장 잘할 수 있는 시간.
- 비닐 책을 갖고 놀게 하면서 목욕 시 활용할 수 있는 단어와 문장을 알려줌.
- 아이들의 목욕시 비법, 거품 가지고 놀기로, 거품을 가지고 머리에 모양을 만들어 Princess 또는 Prince 놀이, snow man, butterfly 등을 만들며 아이들과 즐겁게 놀 수 있음.

▶ Bedtime Story

- 이 시기 유아는 사실 많이 산만하고 많이 활동적이기 때문에 엄마가 유아의 시선을 잡을 수 있는 시간이 채 10 분을 넘기지 못함.
- 잠자기 전 20 분 정도는 유아와 함께 누워 책을 읽어 주는 것이 좋음.
- 자기 전 엄마의 목소리로 자장가를 불러주면 좋음.
- 적당한 책: Pat the Bunny, Good Night Moon
- 자장가: Rock-a-baby, Five Little Monkeys Jumping on the Bed
  - 운동을 시키고 재울 수 있음.
  - 침대 위에서 Jumping 하며 chant 도 즐길 수 있음.
  - 책 내용과 똑같이 침대에서 뛰게 해 주고, 1-5 까지의 숫자도 함께 공부할 수도 있음.

▶ 연극놀이

- 연극놀이에 적절한 책은 “Caterpillars Wish” 애벌레의 꿈임.
- 애벌레와 벌, 무당벌레가 나오는데, 마지막에는 애벌레가 나비로 변하며 그림도 아주 단순함.
  - 보드지에 벌과 나비, 무당벌레를 그려서 색칠을 하거나 색종이를 붙임.
  - 나무젓가락에 붙임.

- 애벌레는 집에 초록색이나 연두색 양말에 못 쓰는 스타킹을 넣어서 만들 수 있음.

• "Caterpillars wish" 에 나오는 대사는 많지 않음.
• 아이가 금방 따라 할 수는 없지만 만든 인형들을 가지고 놀다 보면 대사를 외우게 됨.

▶ 손가락 놀이

• 서점이나 아이들 장난감 가게에 가면 손가락놀이와 영어연극 대사를 같이 팜.
• 목장갑이나 빨간 고무가 손바닥 전체에 붙은 목장갑에 원하는 인형을 보드지에 그려서 잘라 손가락 마디에 붙여 가족 사진을 붙어놓음.
• 다음과 같은 노래나 연극을 가르칠 수 있음.

Where is Mommy(모든가족), where is Mommy?
Here I am. Here I am.
How are you today?
Very well I thank you. Run away. Runaway.

제3강 Storytelling의 실제 2

학습개요

1. 19~28개월 추천 영어 교재
2. 30~50개월 유아들의 동화책 학습
3. 30~50개월 추천동화
4. 6~7세 영어동화 교육법
5. 6~7세 추천영어교재

1. 19~28개월 추천 영어 교재

▶ 유아 그림책

• Bath book

- 책표지가 비닐로 되어 있어 찢어지지도 않고 물에 젖어도 걱정이 없음.

- 어린 아기들이 가지고 놀며 자연스럽게 영어 책을 접하기에 좋으며 특히 목욕할 때나 물놀이 시에 아주 좋음.

• Splish! Splish

- 바다 속에서 볼 수 있는 것들이 나오며, 물에 닿으면 색깔이 변해서 아이들의 흥미를 불러일으킴.

• Spot Goes Splash: 강아지 Spot 이 주인공으로 나오는 비닐 책임.

▸ Touch and Feel book

• 촉감책. 주로 헝겊으로 되어 있음.

• 직접 만지고 느끼면서 영어를 배울 수 있음.

• Wild Animals: 사자, 돌고래, 도마뱀 등의 털이나 가죽의 감촉을 나타내는 단어와 도형, 동물들의 명칭을 생생하게 영어로 익힐 수 있음.

▸ Scratch and Sniff book

• Food, Garden, Shopping, Part 등이 있음.

• Food 의 바나나, 오렌지, 초콜릿 등 여러 음식 그림을 문지르면 원래의 냄새를 재현해 냄.

▸ Lift-the-Flap Book(날개책)/Pop-Up-Book(입체책)

• 종이 날개를 넘겨 숨겨진 그림을 찾거나, 페이지를 넘기면 재미있는 화면이 튀어나오는 형식의 책.

• 호기심 강한 아이들에게 효과적임.

• Go Away Big Green Monster

- 책에 구멍이 뚫려 있고 괴물의 신체 부분이 페이지를 넘길 때마다 모습을 드러냄.

- 책장마다 넘기면서 얼굴을 넣고 흉내를 내고 'Go away' 하고 소리를 크게 지르면서 괴물의 신체 부분을 역시 차례대로 호명하면 괴물이 사라짐.

• The Telephone Book

- 종이로 만든 수화기를 직접 손에 들고 전화 대화를 나눠볼 수도 있고 인형을 직접 좌우로 조작하며 수영하는 모습을 연출할 수도 있음.

- 서랍열기, 이불 덮어주기 등 아이들이 흥미롭게 여길 만한 소품들이 다양함.

- Maisy Series
  - '꼬마생쥐 메이지' 보드북, 스토리북, 입체북이 시중에 골고루 나와 있음.
  - 입체북이 특히 잘 만들어져 있음.
  - 'Maisy Goes Swimming', 'Maisy Goes to Bed', 'Maisy Goes to the Playground' 등 입체책은 직접 아이들이 조작해 보면서 생생한 생활 영어 문장을 만날 수 있음.
  - 'Maisy's Playhouse' 는 입체책으로 소꿉놀이를 위한 책이고, 침대, 식당, 부엌, 거실, 욕실, 옷 등이 구비되어 있어 집을 꾸며 놓고 여러 가지 소품들을 가지고 영어로 엄마랑 아이랑 역할놀이를 할 수 있음.
- Goodnight Moon
  - '잘자요 달님'이란 제목으로 널리 알려진 책.
  - 잠자리에 들기 전 우리 주변에 있는 사물들을 차례대로 언급하며 밤 인사를 나누는 내용임.
  - 흑백, 칼라 그림이 교차되고 언급했던 단어들이 부각됨.
  - 그림이 선명하고 사물 관련 단어를 쉽고 자연스럽게 익힐 수 있는 장점이 있음.
  - 오디오 테잎 역시 잠자리에서 아이에게 들려 줄 수 있음.
  - 성우의 내레이션이 끝난 후, 그 다음엔 'Good Night…' 식으로 Pause가 있음.
- Five Little Monkeys Jumping on the Bed
  - 잠자리에 들려던 다섯 마리 원숭이들이 침대 위에서 뛰어 놀다가 차례대로 한 마리씩 다치게 되어서 엄마는 그때마다 의사를 찾는데 의사는 그때마다 아이들을 못 뛰게 하라고 말린다는 내용.
  - 숫자세기를 자연스럽게 익힐 수 있음.
  - Take a bath, put on, bump, call, fall off 등의 단어도 저절로 익혀짐.
  - 오디오 테잎의 노래가 따라 부르기 쉬운 멜로디고 직접 원숭이 그림을 손가락이나 막대기에 붙여서 역할 놀이를 하며 이야기를 읽어 주면 좋음.
- Brown Bear
  - 잘 알려진 작가 Eric Carle의 작품.

- 'bear', 'bird', 'duck', 'house' 등 여러 동물들의 명칭을 차례대로 부르며 뭐가 보이느냐고 질문하는 내용.
- 동물 그림의 색채가 아이들에게 보여 줄만함.
- 오디오 테이프에 나온 노래 곡조가 좋음.
- 각 동물 명칭 대신에 다른 사물들을 집어넣어 읽거나 놀이를 하면 좀 더 다양하게 즐길 수 있음

• From Head to Toe
- 'penguin', 'giraffe', 'buffalo' 등의 동물이 나와서 특징 적인 동작들을 보여줌.
- 기린은 목을 구부리는, 펭귄은 도리도리 고개를 흔드는 동작들을 영어로 들려줌.

• The Very Hungry Caterpillar
- '배고픈 애벌레'라는 제목의 책으로 유명.
- 애벌레가 요일별로 여러 음식을 먹어나가는 내용의 책.
- 책에 구멍이 뚫려 있어 손가락이나 끈을 이용해서 직접 넣어보며 읽어도 아주 재미있음.

• We are Going on a Bear Hunt
- '곰사냥을 떠나자'라는 제목으로 유명한 책.
- 한 가족이 곰 사냥이 하나도 무섭지 않다는 노래를 부르면서 곰 사냥을 떠남.
- 풀밭, 강, 진흙탕 등을 헤치며 드디어 곰을 만나게 되는데 곰을 보자마자 혼비백산해서 도망쳐 집으로 오는 내용.
- 특히 테이프를 들어보면 후렴구는 금방 외우게 됨.
- 문장이 길어 아이들에게 어려울 것 같지만 의외로 어린아이들부터 큰 아이들까지 좋아하는 책으로 다양한 의태어와 의성어가 나옴.

• Teddy Bear, Teddy Bear
- '꼬마야 꼬마야 뒤를 돌아라'임.
- 'turn around', 'show your shoe', 'turn off the light' 등 일상생활에서 많이 쓰는 문장이 책 속에 담겨져 있음.

- We sing together 비디오에서 노래도 나옴.
- 책에 나오는 문장을 직접 행동으로 표현하며 읽어나갈 수 있음.

• No David
- 어릴 적에 하지 말라는 일은 다 하며 그때마다 엄마나 선생님이 '안 돼(No)!' 했던 경험을 그대로 그린 책으로 마지막에 따뜻하게 엄마가 데이빗을 안아줌.

2 30~50개월 유아들의 동화책 학습

• 동화책이 아주 좋은 학습방법이지만 유아가 워낙 책을 좋아하지 않는 경우라면 책을 좋아하게 하기 위한 방법이 필요함.
• 유아가 좋아하는 것이 주인공으로 나오는 책을 아이에게 보여 주는 것이 좋음.
• 자동차를 좋아한다면 'Cars and Trucks'를 사주고 좋아하면 몇 권 더 사주고는 책에 관심을 가질 때까지 기다림.
• 유아가 읽어달라는 대로 한 권을 10번이고 20번이고 반복해서 읽어줌.

3 30~50개월 추천동화

- Spot 시리즈
- I Spy 시리즈
- 첫 발견 시리즈
- 블루 시리즈
- DK My First.. 시리즈
- Kipper 시리즈
- The Very Hungry Caterpillar
- Brown Bear, Brown Bear, What Do You See?
- Papa, Please Get the Moon for Me
- Today is Monday
- From Head to Toe
- Catch the Ball!

- Little Cloud
- Freight Train
- School Bus
- Truck
- Parade
- Ten Black Dots
- Little Blue and Little Yellow
- Swimmy
- Teddy bear Teddy bear
- I love you as much…
- What comes in 2's, 3's, & 4's?
- Five little monkeys jumping on the bed
- Time to…
- Rosie's Walk
- The Big Hungry Bear
- Goodnight Moon
- Have you Seen My Duckling?
- Good Night, Gorilla
- Mama, Do you Love Me?
- The Snowman Storybook
- My little Red Toolbox
- We're Going on a bear Hunt
- Quick as a Cricket
- Caps for Sale
- The Story of the Little Mole
- Picture Dictionary
- Go Away Big Green Monster

4. 6~7세 영어동화 교육법

- 유아가 6-7세가 되면 본격적인 책 읽기에 도전할 수 있음.
- 이때는 한글도 웬만하게 읽고 쓰고 할 수 있기 때문에 영어도 이때 떼어주면 훨씬 쉬움.
- 우리 뇌의 언어습득장치도 이 시기에 가장 활발하게 작동함.
- 언어는 인간의 본능에 의한 도구이므로 아이들은 이미 모국어에서 습득한 언어의 원리를 거의 모든 언어에 적용하여 비교분석 조합하면서 자연스럽게 터득함.
- 빠른 아이들은 4-5세에도 한글을 때므로 아이의 능력에 맞게 시작하면 됨.
- 파닉스 동화
  - 쉬운 그림 동화로 파닉스 동화들이 소개됨.
  - 파닉스 동화를 보며 기본 자음들이 가진 소리를 익힐 수 있고 파닉스 동화에 첨부된 Worksheet과 플래쉬 카드를 활용하면 재미있고 효과적인 학습이 될 수 있음.
- 플래쉬 카드 활용법
  - 플래쉬 카드 뒷면에 두꺼운 종이를 붙여 사용한다면, 쉽게 구겨지거나 찢어지지 않음(코팅을 하면 더 편리하게 사용할 수 있음).
  - 어린이의 눈길이 자주 가는 곳에 카드를 붙여 놓고 단어에 익숙해 질 수 있도록 함.
  - 사용한 플래쉬 카드는 비닐 봉투나 입구를 열고 닫을 수 있는 지프락백에 넣어 보관하면 쉽게 읽어버리지 않아 영어 학습 시 유용하게 사용할 수 있음.
  - 시간이 날 때마다 플래쉬 카드를 활용해 다양한 게임을 하며 어린이가 많은 영어 단어에 자연스럽게 익숙해지도록 함.
  - 어린이가 단어에 익숙해지면, 플래쉬 카드를 가지고 문장 만들기를 해 볼 수도 있음.

5. 6~7세 추천도서

- Do not Open the door: 알파벳 “D/d”가 내는 소리

- 대문자 D와 소문자 d를 읽고 쓰며 알파벳 "D/d"의 모습을 익힘.
- 1번째 Worksheet을 아래 그림에서 여러 알파벳으로서의 "D/d"를 찾아 색칠하며 위에서 읽고 쓰며 익혔던 알파벳 "D/d"를 다시 한 번 다른 알파벳들과 구별하며 인지할 수 있음.
- 플래쉬 카드를 준비해 하나의 알파벳으로서의 "D/d"가 아닌 단어 속에서 "D/d"를 찾아보게 하고 각각의 단어를 큰소리로 동화를 따라 반복해서 읽어보게 함.
- 2번에서 색칠하여 완성한 그림이 무엇인지 플래쉬 카드를 통해 익혔던 단어들 중 찾아 말해 보게 함.
- 다시 한 번 더, 플래쉬 카드를 가지고 각각의 단어들을 읽어보게 하고, 짚은 단어들을 어린이가 읽어 볼 수 있도록 함.
- 2번째 Worksheet을 인쇄하여 동화와 플래쉬 카드를 보며 익혔던 단어들 중 "D/d"로 시작하는 단어의 그림을 찾아 주인공 어린이가 사슴을 찾을 수 있도록 Worksheet을 완성하게 함.
- 어린이가 Worksheet을 완성하고 난 후, 각각의 그림을 손으로 짚으며 단어를 말하게 함.

• Joyful Jill and Jolly Jack:알파벳 "J/j"가 내는 소리
  - 대문자 J와 소문자 j를 읽고 쓰며 알파벳 "J/j"의 모습을 익힘.
  - 1번째 Worksheet 아래 문장들 속에서 "J/j"를 찾아 동그라미를 치며 위에서 읽고 쓰며 익혔던 알파벳 "J/j"를 한 번 더 다른 알파벳들과 구별하며 인지할 수 있도록 함.
  - 플래쉬 카드를 준비해 하나의 알파벳으로서의 "J/j" 가 아닌 단어 속에서 "J/j" 를 찾아보게 하고 각각의 단어를 큰소리로 동화를 따라 반복해서 말하도록 함.
  - 1번째 Worksheet 를 다시 준비하여, 나열한 문장들을 천천히 읽어보며 "J/j" 가 가진 소리의 특징을 익힐 수 있도록 함.
  - 위에서 사용했던 플래쉬 카드를 준비해, 바닥에 넓게 펼쳐 놓고 지명한 단어를 찾아 찾은 카드를 보이며 그 단어를 큰 소리로 말해 보게 함.
  - 2번째 Worksheet을 준비하여, "J/j"로 시작하는 단어들을 찾아 오리고 비

어있는 주머니 속에 풀로 붙여 채우게 함.
- 완성된 2번째 Worsheet을 보며 주머니에 들어있는 단어들을 말하게 하고 주머니 속에 들어갈 수 없었던 단어들은 무엇인지 말하고 그 이유를 말해 보게 함.

• What Can a Cat Do?: 알파벳 "C/c"가 내는 소리
- 대문자 C와 소문자 c를 읽고 쓰며 알파벳 "C/c"의 모습을 익힘.
- 플래쉬 카드를 준비해 하나의 알파벳으로서의 "C/c"가 아닌 단어 속에서 "C/c"를 찾아보게 하고 각각의 단어를 큰 소리로 엄마나 동화를 따라 만복해서 말하도록 함.
- 1번째 Worksheet 아래 그림에서 "C/c"로 시작하는 단어를 찾아 색칠하고 그 단어들을 말해 보도록 함.
- 2번에서 동그라미 쳐지지 않은 그림들은 무엇이며 어떤 알파벳으로 시작하는지 말해 보게 함.
- 2번째 Worksheet 을 인쇄하여 쓰여진 문장들을 반복해서 읽고 각 문장이 가진 뜻을 동화를 보며 익혀 보도록 함.
- 2번째 Worksheet 아래 드림들을 선을 따라 오리고 각 문장에 알맞은 그림을 빈 네모 칸에 풀로 붙이고 그림에서 보여지는 고양이의 행동을 보며 말해 보게 함.
- 위에서 사용했던 플래쉬 카드를 준비해, 바닥에 넓게 펼쳐 놓고 엄마가 지명한 단어를 찾아 엄마에게 찾은 카드를 보이며 그 단어를 큰소리로 말해 보게 함.

• What Could It 'B'?: 알파벳 "B/b"가 내는 소리
- 2 번째, 3 번째 Worksheet 을 준비해 인쇄하고 각각의 대문자 "B" 와 소문자 "b" 를 읽고 쓰며 "B/b" 의 모습을 익히도록 함.
- 플래쉬 카드를 준비해 하나의 알파벳으로서의 "B/b"가 아닌 단어 속에서 "B/b"를 찾아보게 하고 각각의 단어를 큰 소리로 동화를 따라 반복해서 말하도록 함.
- 2 번째, 3 번째 Worksheet 아래 그림의 점들을 선으로 연결하여 완성하고 무슨 그림인지 말해보게 함.

- 1 번째 Worksheet 을 인쇄하여 흐리게 쓰여진 각각의 단어를 읽으며 써 보고 그것에 맞는 그림을 찾아 선으로 연결해 보게 함.
- 1 번째 Worksheet 이 완성되면, 각각의 문장을 함께 큰 소리로 읽어 봄.

Quiz

Q1. 동화란 무엇인가?

Q2. 동화의 교육적 장점에 해당하지 않는 것은? (　　)

① 올바른 어감을 쉽고 자연스럽게 습득할 수 있다.
② 동화의 문장들은 간결하면서도 같은 문장이 반복되는 경우가 많음.
③ 올바른 가치관과 이상을 세워주는 데 중요한 역할을 하기도 함.
④ 언어의 학습보다는 그림에 대한 미술적 감성을 더 발달시킴.

Q3. 저학년 아동을 위한 부모의 실천방법이 아닌 것은? (　　)

① 진지하게 생각하는 책을 추천한다.
② 아동의 관심에 따라 책을 선택한다.
③ 주제를 선정하여 아동과 함께 가상의 책을 만들어 본다.
④ 작가에게 편지를 쓰는 습관을 기른다.

Q4. 아동이 좋아하는 동화책의 제목을 적고 내용과 함께 아동이 좋아하는 이유를 적어 보시오.

Lesson 7 게임

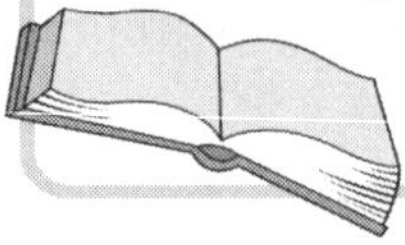

게임 활동은 교수와 학습의 전체적인 과정에서 학생들에게 재미가 있고 동기를 유발시키며 생동감 넘치고 흥미 있는 수업을 하기 위한 좋은 방법이라고 보고 학생들은 경쟁의식이 강하므로 게임을 통하여 학습하는 가운데 배움이 강화되고 학습의욕을 고취시킬 수 있다고 보았다. 또한 게임이란 즐거움이 있는 지적, 신체적 활동이며 집단 구성원 간에 일정한 규칙에 따라 승부를 결정하는 교육적인 활동이라 할 수 있다. 즉 게임이란 일정한 규칙 내에서 협력과 경쟁의 과정을 통해 특정한 목표를 성취하기 위한 즐겁고 도전적인 신체적, 정신적 활동이라고 할 수 있다.

제1강 Game의 학습효과(좌승화외, 2005)

학습개요

1. 게임과 놀이
2. 놀이의 본질적 특성
3. 게임
4. 게임과 영어학습
5. 게임의 교육적 효과
6. 게임의 분류
7. 게임 적용 시 유의점

1. 게임과 놀이

- Piaget(1962)
  - 게임은 놀이의 일종.
  - 놀이는 행위자가 즐거움을 얻고자 행하는 활동을 폭넓게 지칭하는 포괄

적 개념.

- Groos(1910)
  - 놀이는 보통 새끼에게서 볼 수 있는 것으로 다 자란 동물이 행동을 배워 가는 과정의 일부분.
  - 최적의 신체 발달에 의해 촉진됨.
  - 인류의 진화 역사를 반영하는 본능적 메커니즘으로 묘사함.
- 현대이론
  - 놀이의 심리적 가치 및 그것이 어린이의 지적, 사회적, 정서적 발달에서 갖는 의미 등을 강조함.

2. 놀이의 본질적 특성

- Rubin, Fein & Vandenberg(1983)
- 놀이 행위자는 내적인 동기를 갖는다.
- 놀이는 행위자에 의해 자유롭게 선택되어야 한다.
- 놀이는 즐거워야 한다.
- 놀이는 비사실적이다.
- 행위자는 적극적으로 놀이에 참여한다.

3. 게임

- Gibbs(1978)
  - 규칙을 가지고 목적을 달성하기 위하여 협동하고 경쟁하며 수행하는 활동 "Activities carried out by cooperating or competing decision-makers, seeking to achieve, within a set of rules, their objectives."
  - 게임에 4가지 주요한 요소: 활동, 협력과 경쟁, 목적 추구, 규칙
- Helgesen(1987): chance와 enjoyment 첨가.
- Gasser와 Waldman(1979)
  - 흥미가 가장 중요하며 게임의 정의에 포함될 요소로 흥미, 목표, 규칙, 경쟁을 들고 있음.

- Piaget(1962)
  - 규칙이 있는 놀이가 문명인의 가장 주된 놀이 활동.
  - 게임에는 다양한 종류가 있음.
    - ▸공기 놀이, 공놀이, 숨바꼭질처럼 운동 감각적인 것.
    - ▸장기, 카드, 모노폴리처럼 인지적인 것.
  - 공통된 특징은 규칙에 의해 지배된다는 것.
  - 게임의 참여자들은 규칙을 따를 수 있는 사고력이 있어야 함.
  - 논리적인 사고력이 발달되기 이전의 어린이는 게임에 참여할 수 없음.
- 게임의 본질: 다른 사람의 성취 혹은 자신의 이전의 성취보다 나아 보이려는 데서 즐거운 목적 추구가 될 수 있음.

4. 게임과 영어학습

- 영어학습
  - 복잡하고 다양한 면을 지님.
  - 학습자는 영어를 이해하고 그것을 정확히 반복.
  - 구두나 글로 자기의사를 표현하기 위해 노력함.
  - 노력은 장기간 유지되어야 하는 힘든 과업.
- 영어학습에서의 게임의 역할
  - 흥미와 동기유발의 좋은 수단.
  - 배운 영어를 의미 있게 연습하거나 사용할 수 있는 다양한 상황을 제공.
  - 학습자의 참여를 높이고, 학습자의 부담감을 줄일 수 있음.
  - 학습의 강화, 복습, 발전의 기능, 부담감이 없는 선의의 경쟁적 분위기 - 조성, 교사에게 즉각적인 피드백의 기회를 제공.
  - 학습속도 조절, 교사의 역할 변화, 평가의 기능.

5. 게임의 교육적 효과

- 영어교사들의 가장 바람직한 교육방법 주의 하나.
- 적용범위와 가능성이 큰 효과적인 활동.

- 학습자의 동기 유발과 흥미 지속의 수단.
- 언어구조, 어휘, 의사소통 등의 연습을 위한 다양한 상황을 창조.
- 학습자가 언어를 학습하고 있다는 의식 없이 보다 더 자연스럽게 언어를 배울 수 있음.
- 언어기증, 조직형태, 내용 등의 여러 속성을 가지고 있음.

6. 게임의 분류

- 그림게임
  - 각종 그림을 사용하는 게임
  - 그림을 비교하거나 대조하기, 그림간의 차이점과 닮은 점 찾기, 설명한 –순서에 따라 그림 배열하기 등.
- 심리게임
  - 인간의 마음과 감각의 작용에 대한 폭넓은 이해를 할 수 있는 게임.
  - 게임을 통해 개인의 다양한 의견과 경험을 이끌어 낼 수 있음.
- 마술
  - 하나의 눈속임이지만 언어학습에 있어서 중요한 수단이 됨.
  - 학습자의 주의를 집중시킬 수 있음.
  - 마술 연기와 연결된 언어 입력의 반복으로 주로 듣기 학습에 도움을 줄 수 있음.
- 정보교환 게임
  - 서로 알고 이해하기 위해 개인적 감정과 경험 및 정보를 서로 나누는 활동유형.
    사용되는 언어는 교실 밖의 실제 상황과 유사한 것.
    이름 기억하기, 취미 알기, 설문하기, 전화 통화, 개인적 의견 말하기 등.
- 카드게임
  - 그림 카드나 다른 보조물을 사용한 게임으로 카드 따기, 카드가족 모으기, 주사위 던져 말을 옮겨 가며 목표에 도달하기 등.
    읽기에 도움을 줄 수 있음.
    게임을 통해 개인의 다양한 의견과 경험을 이끌어 낼 수 있음.

- 소리 게임
  - 사람이나 물건 혹은 카세트를 통해 어떤 소리를 듣고 그 사람의 행위나 사물, 행동을 이해하며 언어로 표현하고, 개인적인 해석과 의견 및 생각을 이끌어 낼 수 있는 게임.
- 이야기 게임
  - 긴 주제에 대해 비교적 이야기를 길게 이끌어 가는 것.
    그림을 그려가며 이야기 꾸미기, 이야기 뒷부분 완성하기, 이야기를 듣고 단편적인 그림들의 순서 정하기, 꾸며진 이야기의 순서 바꾸기 등.
- 단어 게임
  - 단어학습에 중점을 둔 것.
    단어의 절차 알기, 의미 알기, 문장을 구성하는 단어 짝짓기, 유형별 단어 구별하기 등.
- 참/거짓 게임
  - 어떤 사람이 말한 문장이 참인가 거짓인가를 구별하는 게임.
    다양한 내용과 수준에서 적절히 사용될 수 있는 게임.
- 기억 게임
  - 학습자의 기억력을 토대로 한 게임.
  - 기억의 불일치에 대해서는 학습자간의 의견과 정보의 교환을 이끌어 낼 수 있는 게임.
  - 그림 내용 기억하기, 관찰한 물건 적거나 이름 대기, 문장 전달하기 등.
- 추측 게임
  - 어떤 사람이 알고 있는 사실을 모르는 사람이 추측을 통해 알아맞히는 게임.
  - 숨긴 물건의 위치 알기, 만져 보고 물건 알아맞히기 등.

7. 게임 적용 시 유의점

- 게임을 하면서 언어요소를 충분히 연습할 수 있는지
- 점수를 판정할 때 공정한 지
- 문제가 생길 때 해결할 수 있는 확실한 기준이 마련되었는지

- 게임이 과도한 신체 활동이나 위험한 도구를 사용하기 때문에 사고의 위험은 없는지
- 사전에 게임의 방법과 규칙을 잘 설명해야 함.
- 게임 후에는 게임을 통해 습득한 내용에 대한 정리 활동을 해 주어야 함.
- 게임은 항상 정해진 학습의 내용과 목표가 포함되어 있어야 함.
- 어떤 어휘, 어떤 문장구조, 어떤 언어기능을 연습시킬 것인가가 용의주도하게 포함되어 있어야 함.
- 재미와 학습목표, 경쟁과 협동의 요소가 잘 조화를 이루도록 고안해야 함.

제2강 | Game 실제 적용의 예 1

학습개요

1. Playing Catch
2. Sound Fun
3. Building Blocks!
4. Car Race
5. Choo Choo Train
6. Playing with Clay
7. Playing Dolls
8. Guess What?
9. Bubble Fun
10. Fishing Game

1. Playing Catch

- 공놀이.
- 대상: 만 1세부터.
- 영어: 공놀이에 관한 표현.
- 준비물: 공.
- 방법: 영아기의 아이들은 헝겊으로 된 공을 굴리면서 놀고, 좀 더 큰 아이들은 고무공을 던지면서 노는 등 다양한 방법의 공놀이가 있음.

Playing Catch

Let's play catch.
I'm going to roll the ball to you.
You catch it. O.K?
Roll, roll, roll. It's coming to you. Catch it.
Good job. You caught the ball.

I'll throw the ball to you. Here comes the ball.
(Bonk!) Ouch!
Oh, sorry. The ball hit you on the head.
You're okay. Go get it.
Now, throw the ball to me. I'll catch it.

2. Sound Fun

- 소리놀이.
- 대상: 만 0-3세.
- 영어: 소리에 관한 표현.
- 준비물: 딸랑이, 냄비, 국자 등 소리를 낼 수 있는 물건.
- 방법: 딸랑이나 소리 나는 장난감도 이용해 보고, 냄비나 국자 등 집안 사물도 동원해서 다양한 악기를 만들어 보자.

Sound Fun

Oh! What's this sound?
Oh, I see. It is this rattle.
Do you want to shake it?
Grab it (with your hand), and shake it.
It says rattle, rattle. It's a neat sound, isn't it?

Let's pretend this is a drum.
Hit it with the scoop. Bam, bam, bam!
Wow! You're a good drummer!
Let's make some maracas with these bottles and some rice.
Shake them like this. Shake, shake, shake!
You're doing well.
They make a cool sound, don't they?
Sound Fun
This is the Way I Play the Drum

This is the way I play the drum,
Play the drum, play the drum.
This is the way I play the drum,
Bam! Bam! Bam!

This is the way I play (the) maracas,
Play the drum, play (the) maracas.
This is the way I play (the) maracas,
Shake! Shake! Shake!

3. Building Blocks!

- 블록 쌓기
- 대상: 만 2세 이상
- 영어: 쌓기에 관한 표현
- 준비물: 쌓을 수 있는 블록
- 방법: 블록을 하나씩 쌓으면서 수도 세어보고, 누가 높이 쌓는지 내기도 해보자.

Building Blocks!

Let's pile up the blocks.

How many blocks did you put?
One, two, three!
Oh, you made a three-story building.
Let's knock them down. Rumble-fumble! Bump!

I'm putting down the first block.
Here's the second block.
Will you put the third block on?

I'm going to make a car with blocks.
What did you make?
Oh, you've built a splendid castle.
Building Blocks!
Should we play building a tower?
That'll be fun.
I wonder who can build it higher.
Be careful, or you'll knock your tower down.
Your tower is leaning.
You have to put it straight.
(Rumble, rumble.)
Oh-oh! Mommy's tower fell down….

4. Car Race

- 자동차 경주.
- 대상: 만 2세 이상.
- 영어: 자동차 이름, 경주・신호등에 관한 표현.
- 준비물: 장난감 자동차, 부록의 신호등 그림.

• 방법: 단순하게 '부르릉' 하고 달리는 흉내만 낼 것이 아니라, 누구 자동차가 빨리 달리는지 경주도 해보고, 신호등 색깔에 따라 어떻게 행동하는지 알려주는 놀이도 해보자.

Car Race

Should we have a car race?
Mommy is going to do it with this truck.
I'll use this police car.
This is the start line.
On your mark, get set, go!
Your car went farther.
I win, don't I?
You're right. Let's do it again.
Mommy will win the race this time.
Car Race
This is the traffic light.
It's a red light. Can I go now?
No, you can't.
Right. I have to stop.
It's a green light. We can go now.
Vrrm, vrrm. Beep, beep!
It's yellow. Be careful.

5. Choo Choo Train

• 기차놀이.
• 대상: 만 3세 이상.
• 영어: 기차가 달리는 것에 관한 표현.

- 준비물: 노끈이나 줄
- 방법: 장난감 기차를 이용해서 놀 수도 있지만, 몸으로 직접 기차를 만들어 보자. 여러 명이 한 줄로 서서 노끈 등의 줄을 두르면 인간기차 완성! '칙칙 폭폭' 소리를 내며 신나게 달려보자.

Choo Choo Train

Let's play train.
Yipee! Sounds like fun!
We'll pretend to be the train.
Stand in line first, and hold the rope, please.
Now, are you ready to go?
Yeah!
All aboard! Off we go! Choo-choo-choo-choo!
Toot, toot! Toot, toot!
Here comes the train! Let's rum along the track.
Full speed ahead!
Go through the tunnel!
Run over the bridge!
We're almost there. Let's slow down.
We're here! Let's stop!
Choo Choo Train
Choo Choo

Here comes the train up the track,
Choo-choo-choo-choo-choo!
Here comes the train quickly back,
Choo-choo-choo-choo-choo!

6. Playing with Clay

- 찰흙 놀이
- 대상: 만 2세 이상
- 영어: 찰흙 만들기에 관한 표현
- 준비물: 찰흙
- 방법: 찰흙은 만지고, 주무르고, 두드리면서 자기만의 독특한 모양을 만들어낼 수 있기 때문에 창의성 계발에 더 없이 좋은 장난감이다. 독성이 없어 아이의 몸에도 해가 없는 플레이 도우나 칼라 찰흙 등을 가지고 여러 보양을 만들어 보고, 색깔을 섞어서 새로운 색을 만드는 놀이도 해보자.

Playing with Clay

Should we play with the clay?
Knead the clay like this. It feels soft and flexible.
Oh, it's too hard and stiff. Let's use a new one.
Let's make a round ball with it.
Take some clay, and put it in your palm.
And roll it round and round.
I can't do it well.
Don't press it too hard. Roll it gently.
Wow, it really became a ball.
Put the two balls together.
Look. It's a snowman!
Playing with Clay
Should we make it long this time?
Put the clay on the floor, and roll it back and forth.
What does it look like?
It looks like a snake.
Flatten the dough this time. Press it with your palm.

Should we cut out a circle with this bowl?

If we mix red and white together, what will we get?
I don't know
Well, put these two pieces together, then pound and knead them.
Uh? The clay became pink.

7. Playing Dolls

- 인형 놀이
- 대상: 만 3세 이상
- 영어: 먹이고 놀아주고 재우는 등 인형놀이에 관한 표현.
- 준비물: 인형
- 방법: 여자아이뿐만 아니라 남자아이에게도 정서적으로 좋은 놀이. 인형에게 밥을 먹여주고, 놀아주고, 재워주면서 자연스럽게 책임감과 남을 배려하는 마음을 배울 수 있음.

Playing Dolls

Lets' play dolls. You have to take good care of Mimi. O.K.?
Mimi seems hungry.
Mimi, are you hungry?
Yes, I'm hungry.
Here. Eat this.
Yum, yum, yum.

(Whining) I'm bored.
Oh, my. Mimi is whining. What should we do for her?
Will you play with her?
I'll read her a story.

Mimi looks sleepy. Put her to bed.
Let's rock Mimi to sleep. Back and forth, back and forth.

Mimi is asleep now, Mom.
Let's put her to bed. Cover her up.
Good night, Mimi.

Playing Dolls
Baby's Nap

Here is the baby who needs a nap.
Lay him down in his mother's lap.
Cover him up so he won't peep.
Rock him 'till he's fast asleep.

8. Guess What?

- 이게 뭐게?
- 대상: 만 3세 이상
- 영어: 사물이름, 형태와 촉감에 관한 표현
- 준비물: 화장지, 신문지, 보자기 등 물건을 쌀 수 있는 것.
- 방법: 장난감이나 작은 물건을 종이나 보자기 등에 싼 후 아이에게 만져보게 하고 무엇인지 추측하게 하는 놀이. 블록, 공, 인형, 장난감차 등 아이에게 익숙한 물건을 사용하는 것이 좋다.

Guess What?

This is a present for you. Guess what it is?
Touch it. How does it feel?
It is long and thin. And it feels hard. Is it a pencil?

No. Guess again.
I've got it. It's a crayon.
Right! You can unwrap it now.

Put your hand in this box. What do you think it is?
I feel something bumpy. Is it a stone?
Take it out and see.

9. Bubble Fun

- 비눗방울 놀이
- 대상: 만 3세 이상
- 영어: 비눗방울을 불고 터뜨리는 것에 관한 표현.
- 준비물: 비눗방울 놀잇감(주방용 세제, 물, 용기, 빨대나 모루)
- 방법: 집에서 쉽게 만들 수 있고, 문방구 등에서 재료를 구입할 수도 있다. 집안에서 할 경우 제약이 많으니 목욕을 하거나 야외에서 하는 것이 좋다.

Bubble Fun

This is a bubble solution.
We can make bubbles with this.
Watch. Blow ~! Oh, the bubbles are flying away.
Get the bubbles. Don't let them get away.
Pop the bubbles.
Pop! Pop!
Go get that tiny one.
Go touch those big ones.
Wow, this bubble is really big.
They have all the colors of the rainbow.
They really are pretty.

10. Fishing Game

- 낚시 놀이
- 대상: 만 3세 이상
- 영어: 물고기 이름과 낚시에 관한 표현.
- 준비물: 자석, 막대(낚싯대용), 실, 클립, 종이, 색연필 등.
- 방법: 다양한 모양과 색깔의 물고기와 거북, 게 등의 바다 동물들을 그린 다음 오려서 클립을 끼운다. 막대기에 실을 묶고 미끼로 자석을 매달아 낚싯대를 만든다. 고기를 낚는다는 것만으로도 흥미롭지만, 자석에 쇠가 달라붙는 것을 가르쳐주기에도 좋다.

Fishing Game

Let's go fishing now. Let's pretend we are fishermen.
Sit here on the couch. Hold this fishing rod.
The floor is the river.
There are lots of fish in the water, aren't there?
Let's catch them.

Wow! I caught a gold fish! It's amazing.
Now, catch the blue fish this time.
Gotcha! It's a blue whale.
Nice catch!
You really are good at fishing.

제3강 | Game 실제 적용의 예 2

학습개요

1. London Bridge
2. Follow the Leader
3. The Statue Game
4. Rock, Paper, Scissors!
5. Eeny, Meeny, Miny, Mo
6. Musical Chairs
7. Hide and Seek
8. Ring Around
9. You can't Catch Me
10. Rice and Barley?
11. Who Stole the Cookies?

1. London Bridge

- 동대문을 열어라.
- 대상: 만 3세부터.
- 영어: '동대문을 열어라' 놀이 표현.
- 방법: 두 사람이 손을 맞잡고 다리를 만들고, 나머지 사람들은 다리 아래를 지나가다가 노래가 끝날 때 지나가는 사람이 붙잡혀 술래가 된다. 적어도 네 명 이상이 참여해야 제대로 즐길 수 있다.

London Bridge

Let's play "London Bridge."

First, two of you should make the bridge.

Lock your fingers and raise them up. You are the bridge.

The rest of you should stand in a line.

Hold the waist of the person in front of you.

Now, walk under the bridge.

London Bridge
London Bridge is falling down,
Falling down, falling down,
London Bridge is falling down,
My fair lady!
(Gotcha! You are trapped.)

2. Follow the Leader

- 대장 따라 하기.
- 대상: 만 3세 이상.
- 영어: 동작을 나타내는 표현.
- 방법: 여러 명이 한 줄로 서서 맨 앞에 있는 대장의 동작을 따라 하면서 행진하는 놀이. 사람이 많을수록 재미있지만 엄마와 아이 둘이서 해도 충분히 즐길 수 있다.

Follow the Leader

Let's play "follow the Leader!"
I'll be the leader. You follow me.
Let's march to the door. One, two, three…
Walk fast! Walk slow! Walk backward(s)! Walk forward(s)!
Roll over! Crawl!
Hop like a rabbit!
Dance like a monkey!
Stop!
Whew~! Let's take a rest.
Will you be the leader this time?
Sure.

3. The Statue Game

• 동상 게임.
• 대상: 만 3세 이상.
• 영어: 움직임과 멈춤에 관한 표현.
• 준비물: 신나는 음악
• 방법: 음악을 틀어놓고 팔다리를 휘저으며 신나게 춤을 추다가 음악을 멈추면 statue(동상)처럼 정지하는 놀이. 음악에 맞춰 한껏 춤추고 싶을 때, 집안에서 아이와 흥겹게 놀고 싶을 때 할 수 있는 놀이로 추천한다.

The Statue Game

Let's play the statue game.
Dance to the music.
And stop when the music stops.
Let's dance to the music. Shake your hips!

Freeze! Don't move.
You're a statue now.
Mom, I can't stand it anymore.
No. You shouldn't even giggle.
You fell down!
You should be tickled for that.

4. Rock, Paper, Scissors!

• 가위바위보
• 대상: 만 3세 이상
• 영어: 가위바위보에 관한 표현
• 방법: 말하는 순서도 rock, paper, scissors!로서 '바위 보 가위'가 되는 것도 다르다. 놀이방식은 우리나라 놀이와 같으므로 이름만 익히면 별 어려움 없이 할 수 있다.

Rock, Paper, Scissors!

Let's play rock-paper-scissors.
Make the rock this way. A fist looks like a rock.
Make the scissors this way. Two fingers look like a pair of scissors.
Make the paper like this. An open hand looks like a piece of paper.

Now, let's play it. Rock, paper, scissors!
Mommy threw scissors, and you threw a rock.
Rock smashes scissors. So the rock wins (over the scissors).
Scissors cut paper. So the scissors win (over the paper).
Paper covers rock. So the paper wins (over the rock).
We threw the same one. Let's do it again.

5. Eeny, Meeny, Miny, Mo

- 술래 정하기.
- 대상: 만 3세 이상.
- 영어: 순서를 정하는 표현.
- 방법: 각 음절마다 아이들을 하나씩 돌아가며 지적하다가 마지막 음절에서 걸리는 아이가 술래가 된다. 엄마와 둘이서 놀이를 할 때는 두 다리를 서로 사이사이에 넣어 다리 하나씩을 접어 올리는 식의 놀이로 변형시켜서 할 수 있다.

Eeny, Meeny, Miny, Mo

Eeny, Meeny, Miny, Mo
(Who's going to be "it"? We should choose someone.)
Eeny, / meeny, / miny, / mo,
Catch / a rabbit / by the / toe.
If he / hollers, / let him / go,
Eeny, / meeny, / miny, / mo,
My / mother / says / to /

Choose / the / very / best / one.
(You're "it.")

Lcky, Bicky

Lcky, / bicky, / soda / cracker,
Lcky, / bicky, / boo!
Lcky, / bicky, / soda / cracker,
Out, / goes / you!
Eeny, Meeny, Miny, Mo
Sit down and stretch out your legs.
Put one leg between Mommy's legs.
Now, let's say the rhyme.
Eeny, meeny··· one! Oh, it's your left leg.
You have to go out, Mr. Left Leg.
Your right leg is the last one.
You win the game.

6. Musical Chairs

- 의자에 앉기.
- 대상: 만 3세 이상.
- 영어: '의자에 앉기' 놀이에 관한 표현.
- 준비물: 사람 수보다 하나 적은 의자나 방석, 음악
- 방법: 사람 수보다 적은 수의 의자를 가운데에 놓고, 음악을 틀어 놓거나 노래를 부르며 의자 주위를 돌다가 진행자가 음악을 멈추는 순간 의자에 빨리 앉은 사람만 남고, 앉지 못한 사람은 탈락하는 놀이. 한 명씩 탈락하면서 끝까지 남는 사람이 이기는 것으로서, 사람이 많을수록 재미있다. 어린아이들의 경우 아이용 의자나 방석을 사용하는 것이 좋다.

Musical Chairs

We're going to play "Musicial Chairs."

O.K. stand around the chairs.
When the music is on, dance around the chairs.
When the music stops, sit down on the chairs quickly.
There are four of you, but we have only three chairs.
If you don't get a chair, you're out.
Do you understand?
Yes, we do!
Musical Chairs
O.K. Here comes the music.
Go round, round, round. Dance like this!
Stop! Sit down on the chair.
Who doesn't have a chair?
Eunhee doesn't.
Sorry to say, but you're out.
Take away one more chair. And I'll play the music again.

You two are sitting on the same chair.
Haeyoon got to the chair first.

Oh, you are the last one. You won the game.
Here's the prize for the winner.

7. Hide and Seek

- 숨바꼭질
- 대상: 만 2세 이상
- 영어: 숨바꼭질에 관한 표현
- 방법: 규칙을 잘 모르는 아이라도 구석진 곳에 숨는 것을 재미있어하므로 영어 표현을 자연스럽게 가르쳐 주면서 함께 즐거운 시간을 가져보자.

Hide and Seek

Let's play hide-and-seek. I'll be "it".
I'll close my eyes and count to ten.
You go and hide. You have to be quiet.
You shouldn't make a sound.
One, two…ten. Are you ready?
Ready or not, here I come!

I'll look for you under the bed.
I'm coming into the kitchen.
Oh, you're not here. Mm… Where can you be?
I've got it. You must be hiding under the quilt.
Tada! There you are! I found you!

8. Ring Around

- 빙빙 돌아라.
- 대상: 만 3세 이상
- 영어: fall down(쓰러지다) 등의 동작 표현
- 방법: 우리나라의 강강술래처럼 여러 명이 동그랗게 서서 손을 잡고 빙빙 돌며 하는 놀이. 라임을 부르면서 돌다가 마지막 부분에서 쓰러지는 흉내를 내는 것이 재미있다. 전체적인 의미를 이해하고, 영어 특유의 리듬감과 각운을 즐기며 불러보자.

Ring Around

Stand in a circle, everyone!
Hold each other's hands.
Are you ready to go around?
Yes, we are.

Ring Around the Roses
Ring around the roses
A pocket full of posies,
Ashes, ashes!
We all fall down!
2절: Tiptoe

9. You can't Catch Me

- 눈 가리기 게임
- 대상: 만 4세 이상
- 영어: 눈을 가리고 잡는 것에 관한 표현
- 준비물: 손수건 등의 눈가리개
- 방법: 술래는 손수건으로 눈을 가리고 나머지 사람들은 말을 하거나 손뼉을 쳐서 위치를 알려주면, 그 소리를 듣고 어디 있는지 찾아서 잡는 놀이.

You can't Catch Me

First, let's cover your eyes with the blindfold.
Where are you?
Catch me. Can you hear me clapping?
You can't catch me. You can't catch me.
You're getting warmer, and warmer… You're hot!
Oh, you got me.

I can't see anything. Clap your hands so that I can find you.
Are you on my left?
Behind you! Catch me, Mommy.
I'm coming. I'm coming. Gotcha!

10. Rice and Barley?

- 쌀보리
- 대상: 만 4세 이상
- 영어: 손을 잡고 놓는 것에 관한 표현.
- 방법: 가위바위보처럼 아무 준비물 없이 간단히 할 수 있다. 아기자기한 스킨십을 교환하기도 하면서 부담 없이 아이와 즐겨보자. 영어식 표현으로 Open, Shut으로도 해보자.

Rice and Barley?

Let's play "Rice and Barley."

Open your hands like this.

I'll make a fist and move it back and forth.

You don't need to catch it when I say "barley."

You should only grab it when I say "rice."

Let's play it. Get ready! Barley!

No, I said "barley1" you are not supposed to grab my fist.

Let go of my hand. Rice! Grab it. I said "rice!"

Let's play it again. Rice!

I got your hand.

11. Who Stole the Cookies?

- 누가 쿠키를 훔쳤지?
- 대상: 만 5세 이상
- 영어: Who, me? Yes, you! 등의 축약 표현.
- 방법: 학창시절 소풍을 가서 동그랗게 둘러앉아 박수를 치며 했던 것과 비슷한 놀이로 여러 사람이 같이 할수록 재미있다. 박자를 맞추면서 서로 이름을 부르는 것으로서 틀리지 않도록 흐름을 타야 한다.

Who Stole the Cookies?

Sit in a circle, everyone!
Let's clap as we say a rhyme.

Who Stole the Cookies?
Who stole the cookies from the cookie jar?
Who stole the cookies from the cookie jar?
Jaeyoon stole the cookies from the cookie jar.
Who, me?
Yes, you!
Not me!
Then who?
Haeyoon stole the cookies from the cookie jar.
(Repeat)
Minji stole the cookies from the cookie jar!
Who Stole the Cookies?
Your name was called. You lost your turn.
That's wrong. You missed the beat.
So you should pay a penalty.
You have to lie on your tummy.
Let's hit him on the back. Pat, pat, pat!
Write your name with your butt.
Or you can sing.
Which song do you want to sing?

Quiz

Q1. 게임이란 무엇인가?

Q2. 영어학습에서의 게임의 역할이 아닌 것은? (　　)
① 학습의 강화, 복습, 발전의 기능.
② 점수 위주의 경쟁적 분위기 조성.
③ 학습속도의 조절
④ 교사에게 즉각적인 피드백의 기회를 제공.

Q3. 다음은 게임의 분류 중 어디에 속하는가? (　　)
(0서로 알고 이해하기 위해 개인적 감정과 경험 및 정보를 서로 나누는 활동유형)
① 심리게임　　② 정보교환 게임
③ 단어 게임　　④ 추측 게임

Q4. 게임 중의 하나를 제시하고 교육적 효과를 설명하시오.

Lesson 8 역할놀이와 무언극

역할놀이는 아동이 처음 영어단어를 배워서 문장으로 만들어가는 과정을 거치는 동안 말을 주고받아야 하는 규칙을 터득하게 된다. 이런 언어의 상호작용적인 면은 연습시켜주는 것이 역할극이라 한다. 아동에게 자신에 적합한 역할을 맡아서 실제 대화하는 것을 유도해 볼 수 있다. 아동들은 역할놀이와 무언극을 통하여 자신을 표현하는 방법을 터득함으로서 실제 대화상황에 더 잘 대처할 수 있는 능력을 개발할 수 있다.

제1강 | Role Play와 Mime의 학습효과

학습개요

1. 역할놀이(role-play)
2. 역할놀이 지도의 중요성
3. 역할놀이 지도시의 유의사항
4. 마임(Mime)
5. 마임지도의 중요성
6. 마임지도 시의 유의사항

1. 역할놀이(role-play)

- 상호간에 작용하는 활동(interaction activity)의 한 형식.
- 언어학습시 한 학습자에게 가상의 역할을 맡게 하고, 역시 가상의 역할을 맡은 상대방에게 즉석에서 어떤 행위와 발화를 하도록 함으로써 언어학습, 특히 말하기 학습을 하도록 하는 연습 과정임.
- 가장 중요하게 여기는 것은 의사소통 능력의 신장임.
- 미리 정해진 일정한 대화를 실연케 하는 드라마 대본 연습과는 다름.

- 드라마 대본 연습을 통한 공연: 학생들에게 암기와 실연 능력을 요구함.
- 역할놀이: 학생들의 즉흥성과 가상적 역할을 강조함으로써 무엇보다도 의사 전달 능력을 신장시키는데 그 목표를 둠.

2. 역할놀이 지도의 중요성

- 교사는 역할놀이 지도를 하는 데 있어서 학생들이 즉흥성과 창의성이 발휘될 수 있는 언어 학습의 적절한 틀을 제공해 주어야 함.
- 통제된 틀은 학생들의 창의성이 발휘될 수 없음.
- 틀이 느슨할 경우에는 초보 학습자들이 방향을 잡지 못하고 어디서 어떻게 시작해야 할지 엄두를 낼 수 없게 됨.
- 역할놀이 연습에서 교사의 통제와 학생들이 창의성 발휘 사이에는 다음과 같은 연관 관계가 있음(Littlewood, 1981:50).

Control(통제)	**Performing memorized dialogues(암기한 대화의 재연)**
↑	**Contextualized drills(문맥 상황에 맞는 역할 연습)**
↕	**Cued dialogues(단서와 정보가 제공된 역할 연습)**
↓	**Role-playing(역할극)**
Creativity(창의성)	**Improvisation(즉흥극)**

- 교사의 통제가 느슨해질수록 학습자가 창의력을 발휘할 수 있는 범위는 넓어지고 있음.
- 학습자의 의사소통 능력이 신장될수록 교사의 통제는 덜 받게 됨.
- 초보 학습자의 경우 역할놀이 연습이 교사의 통제를 많이 받는 위로부터 학생들의 창의성이 강조되는 아래 내용으로 발전되어야 함은 자명한 이치임.
- 언어학습, 특히 외국어 학습에서 역할놀이를 권장하는 이유
  - 역할놀이 연습이 정확한 의사소통을 필요로 하는 특정 상황을 제공해 주기 때문.

- 이 활동이 상황에 맞는 대화를 만들어 낼 수 있는 즉흥성과 창의적 표현 능력을 신장시켜 주기 때문.
- 이 과정이 인간 상호간의 의사소통 능력을 길러줄 수 있는 사회화 학습의 도구가 되기 때문.

3. 역할놀이 지도시의 유의사항

- 역할놀이는 사회적인 상호작용을 통해 언어를 학습할 수 있는 기회를 만들어 주기 위한 것.
- 역할놀이의 상황과 내용은 다양하며 이것들이 최상의 학습 조건을 제공해 주기 위해서 고려되어야 할 사항.
  - 무엇보다도 학습자의 언어 능력에 부합되는 상황과 역할이 주어져야 함.
  - 교사는 역할 연습에서 최대한의 효율성과 경제성을 고려해야 함.
  - 실생활에서 직접적으로 경험하는 역할에 대한 연습이 학습자를 자극하고 학습에의 동기를 유발시킴.
- 역할놀이는 학습자가 외국어를 단순히 의사전달의 도구가 아닌 자신의 개성을 담을 수 있는 새로운 표현 양식임을 발견하게 될 때 비로소 그 본연의 역할을 다하고 있다고 볼 수 있음.

4. 마임(Mime)

- 연기자가 말을 사용하지 않고 몸짓이나 표정만으로 감정이나 사상, 사건 등을 표현하는 예능.
- 무언극 또는 묵극.
- 팬터마임(pantomime, 미국식 용어).
  - 고대 그리스어의 pantos(모든 것)과 mimos(흉내내기)의 합성어인 pantomimos에서 유래된 것.
  - '흉내' 내지 '모방적 동작'은 일반적으로 연극의 원시적 형태에 공통되고 있는 중요한 요소의 하나임.
- 연극사

- 보통 팬터마임의 기원을 고대 로마의 '판토미무스(pantomimus)'에 둠. '흉내와 몸짓'적인 요소가 특별히 강조되어 하나의 예능장르로 성립된 것이다.

- 19세기
  - 전성기를 맞게 됨.
    프랑스에서는 피에로로 분장한 팬터마임이 유행.
- 최근
  - 채플린을 비롯한 무성영화의 명배우들에게도 계승됨.
- 음성언어를 배제한 언어이므로 독자적인 무대예술로 상연되는 경우는 희곡의 상연에 비해서 극히 적음.
- 연극 표현에서 차지하는 보편성에 의해 오늘날에도 배우 훈련 및 언어학습의 한 방법으로 취급되어 세계 각국에서 중요시되고 있음.

5. 마임지도의 중요성(Kippel, 1984)

- 제스처나 몸의 움직임 또는 얼굴 표정 등을 이용하여 한 가지 생각이나 이야기를 표현하는 비언어적 활동 중의 대표적인 것.
- 언어를 포함하고 있지 않지만 호기심을 자극하고 언어학습을 도와줌.
- 학습자가 마임의 내용을 추측해 보는 것은 의미를 알아내려는 것이고 따라서 의사소통 상황을 제공해 주는 것이다.
- 마임 연습을 하는 것은 학생들의 관찰력과 즉흥적 표현 능력을 훈련시켜 줌.
- 마임연습이 의사소통에 있어서 제스처나 얼굴 표정의 중요함을 깨닫게 해줌.
- 유용한 언어 학습 활동 중의 하나이며 잠재력이 풍부한 활동임.
- 비교적 강요성이 없음.
- 연극에서 가장 좋은 입문 중의 하나임(Savignon, 1983).
- 학습자가 언어에 대한 걱정 없이 동료 앞에서 편안하게 연기하도록 도와줌.
- 예술적 표현 수준에서는 대단히 어려울 수도 있으나 기초적인 단계에서는 행하기 쉽고 많은 즐거움을 줌.

6. 마임지도 시의 유의사항

- 마임 활동은 짝을 이루거나 혹은 그룹별로 이루어짐.
- 개인이 전체 학생 앞에서 마임을 보여 줄 때도 있음.
- 수줍은 학생들은 겁을 먹거나 위축될 염려가 있으므로 교사의 자상한 배려가 필요함.
- 마임 활동은 일반적으로 본격적인 수업이 시작되기 전에 예비 활동(Warm-up)으로 적절하지만 마임을 가지고 집중적인 활동을 할 수도 있음.
- 학습자의 수준과 기술에 따라 학생들의 의사소통 속도는 점진적으로 빨라지며 재미있고 흥미 있는 학습활동으로 지속될 수 있음.

제2강 | Role Play 학습내용 및 적용방법

학습개요

1. 역할놀이 지도의 실제
2. 역할놀이의 단계
   1) 암기한 대화의 재연 단계
   2) 문맥 상황에 맞는 역할 연습 단계
   3) 단서와 정보가 제공된 역할 연습 단계
   4) 역할극의 연습 단계
   5) 즉흥극의 연습 단계

1. 역할놀이 지도의 실제

- 어떻게 활용할 것인가?
- 그 수준은 어느 정도가 되어야 할 것인가?
- 영어교육을 위한 역할놀이의 내용과 수준을 결정짓는 데 있어서 Littlewood의 표는 훌륭한 길잡이가 될 수 있음.
  - Performing memorized dialogues 단계: 교사가 제시한 대화를 암기해 그 상황을 재연해 보는 것.
  - Improvisation(즉흥극)의 단계: 교사의 통제가 거의 없이 학습자들 스스로 상황에 대처하는 것.

2. 역할놀이의 단계

1) 암기한 대화의 재연 단계

- 역할놀이의 가장 손쉬운 형태.
- 초보 학습자들이 가장 사용하기 쉬운 방법임.
- 거의 교사의 통제하에 이루어지며 학생들의 즉흥성이 개입될 여지가 거의 없음.
- 진정한 의미의 역할 연습이라고 하기 어려움.
- 외국어를 처음 배우기 시작하는 초등학교의 단계에서는 절대적으로 필요한 것이다.
- 이 단계에서 학습하는 내용은 우리 실생활과 밀접하게 연결되어 반복적으로 사용되는 표현(prefabricated language)들임.

- 암기한 대화의 재연 단계

	A	B
활동1	**Good Morning. How are you? Fine. Good bye, Have fun!**	**Good Morning. Fine, thank you. And you? Good bye, see you soon. Have a nice day.**
활동2	**A: Thank you (very much). B: You're welcome. A: Thanks a lot. B: My pleasure.**	

2) 문맥 상황에 맞는 역할 연습 단계

- 암기한 대화의 재연 단계에서 조금 발전된 것.
- 학습자는 교사가 의도하는 바에 따라 문맥 상황에 맞게 새로운 문장을 만들어 말하게 됨.
- 역시 초보 학습자들에게 유용한 역할 연습 방법.
- 활동 1
  - A: Where's the pen?(교실에서)
  - B: (상황에 맞게 응답)

- A: Where's the chair?
- B: (응답)

• 활동2
- A: Which do you prefer, tea or coffee?(자판기 앞에서)
- B: I prefer tea.(선택적 응답)　　(or) I prefer coffee.
-　　(or) I like them both.
-　　(or) I don't like either.

• 활동 3
- A: Let's have a drink. What would you like tea or coffee?(친구 집에서)
- B: (자신의 생각대로 응답)
- A: I'll put a record on first. Do you like jazz?
- B: (응답)
- A: What do you feel like doing afterwards?
- B: (응답)
- A: All right. Well, I'll go and make the tea/coffee.

3)단서와 정보가 제공된 역할 연습 단계

- 이 단계는 진정한 의미의 역할 연습이 시작되는 단계임.
- 교사는 상황만을 제시해 주고 역할의 내용과 표현은 학습자가 창의적으로 만들어 냄.
- 먼저 단서가 주어진 역할 연습의 내용을 예시해 봄.

• 활동 1

A	B
You meet B in the classroom. A: Say hello. A: Invite B to the cinema. A: Say it's the latest Clint Eastwood film. A: Tell B to meet you at the cinema.	**You meet A in the classroom.** B: Say hello. B: Ask what is on. B: Accept the invitation. B: Say that's Okay.

• 활동 2

A	B
You meet B in the street.	**You meet A in the classroom.**
A: Say hello.	B: Greet A.
A: Invite B to the cinema.	B: Say you are going for a walk.
A: Say it's the latest Clint Eastwood film.	B: Reject A's suggestion. Make a different suggestion.
A: Tell B to meet you at the cinema.	B: Express pleasure.

– 이 단계에서 조금 더 발전되면 단서와 정보가 양쪽 학습자에게 나누어지는 형태의 역할 연습이 가능하며 그 예를 들어보면 다음과 같음.

• 활동 3

A: 어느 날 저녁 호텔에 도착하여 매니저에게 다음과 같은 단서를 가지고 물어 본다.	B: 친절하고 자부심 있는 호텔의 매니저이다. 다음과 같은 정보를 갖고 대답한다.
빈 방은 있는가 물어본다. 가격을 물어 본다. 며칠 간 묵을 것인가를 알려 준다. 주차장을 묻는다. 아침식사를 몇 시에 하고 싶은지를 알려 준다.	싱글과 더블 침대가 있는 빈방이 있다. 싱글은 3만원, 더블은 5만원이다. 아침식사는 7천원이다. 호텔 뒤에 무료 주차장이 있다. 아침에 침실에서 차를 마실 수 있다.

– 대화를 시작하는 쪽은 주로 A이며 B는 응답을 하도록 되어 있으나 B가 새로운 대화 주제를 만들어 A에게 말을 건넬 수도 있다.

4) 역할극의 연습 단계

- 단서와 정보가 주어지는 연습단계가 더욱 발전되면 이제 교사는 상황과 역할만을 제시하고 역할극으로 꾸며 보도록 하는 보다 창의적인 연습 단계로 나아갈 수 있음.
- 상급능력을 갖는 학습자에게 가능한 활동임.
- 구성원이 각자 다른 의견을 가질 수 있으며 토론을 거쳐 구체적인 결정을 내리거나 쟁점 사항들을 투표에 붙일 수 있음.

- 역할극의 연습 단계

활동1

– 상황: 당신들은 불우한 노인을 돕고 싶어 한다. 그래서 주민들로부터 헌금을 받고 또 바자회를 가져 100만원을 모았다. 이 돈을 어떻게 쓰면 가장 좋을 것인가에 대해 당신의 역할을 고려하여 토론한다.

– 역할

▸A: 청년. 자선 단체에 돈을 기부하기를 원한다.

▸B: 교회목사. 교회내의 경로단체를 돕기를 원한다. 헌금 중 일부는 이 교회내의 바자회에서 모금되었다.

▸C: 지역 초등학교의 교장. 자신의 학교에 다니는 불우한 노인을 둔 학생을 돕기를 원한다.

▸D: 과부. 이 돈으로 노인들을 위한 휴양 센터를 새롭게 꾸며야 한다고 생각한다.

- 교사의 통제를 가장 적게 받고 학습자의 창의성이 고도로 발휘되는 단계.
- 교사는 단지 출발점 상황만을 제시해 주며 그 상황의 전개나 마무리는 전적으로 학습자에게 달려 있음.
- 학습자의 극적 상상력이 요구되는 즉흥극의 연습의 한 예임.

5) 즉흥극의 연습 단계

- 교사의 통제를 가장 적게 받고 학습자의 창의성이 고도로 발휘되는 단계.
- 교사는 단지 출발점 상황만을 제시해 주며 그 상황의 전개나 마무리는 전적으로 학습자에게 달려 있음.
- 학습자의 극적 상상력이 요구되는 즉흥극의 연습의 한 예임.

활동1

– 당신은 지하철을 타고 있다. 갑자기 지하철이 역이 아닌 곳에 멈춘다. 당신은 처음에는 무심하나 곧 무슨 일이 일어났는가 의아해 한다. 지하철 안은 점점 더워진다. 당신은 점점 초조하고 신경질이 난다. 다행스럽게도 10분 후 전철은 다시 움직이기 시작한다.

제3강 | Role Play의 실제

학습개요

1. The pig's picnic
   1) Act 1
   2) Act 2
   3) Act 3
2. 마임지도의 실제

1. The pig's picnic

- 내용: 돼지 가족들이 봄나들이에서 생긴 일에 대한 역할극.
- 등장인물: Dad, Mom, 8 Little pigs.
- 노래: springtime outing.
- 챈트: Yummy, yummy, Sandwiches.
- 주요표현: Let's go on a picnic.
  Look at the.
  Here we are.
  Numbers (one~ten).
  Are we there yet?
  I'm hungry.

1)The pig's picnic-Act.1

• Scene 1

Pig 8: Oink, oink! Good morning. Dad.

Dad: Oink, oink! Good morning, sweetie.

Pig 8: Let's go on a picnic.

Dad: O.K!

• Scene 2

Dad: Get ready, everybody.

Pig 1: Let's take some apples.

Mom: Let's take some sandwiches, too.

Pig 5: Lets' take a ball.

• Scene 3

Mom: Are we ready?

Pigs: Yes, mom.

Dad: One, two, three, four, five, six, seven, eight, nine, ten!

Pigs: Ten!

Together: O.K. Let's go!

2)The pig's picnic-Act.2

• Scene 1

All together: Lily, lily, golden bell.

Pluck it, put it in your mouth.

Bunch of piggies, hop, hop, hop.

Pig 2: Look at the flowers!

Pig 6: Look at the butterflies.

Pig 7, 8: Wow! They are pretty.

• Scene 2

Pig 3: Are we there yet?

Dad: Almost. It's over the hill.

…

Pigs: Are we there yet?

Mom: Almost. It's across the river.

3)The pig's picnic-Act.3

• Scene 1

Dad: Here we are!

Pigs: Wow! Great!

Pig 1: I am hungry.

Mom: Let's have lunch.

• Scene 2

Dad: Wait! One, two, three, four, five, six, seven, eight, nine!

Pigs: Nine?

Pig 4: I'll count again. One, two, three, four, five, six, seven, eight, nine!

• Scene 3

Pig 8: One, two, three, four, five, six, seven, eight, nine and ten! (pointing herself)

All together: Ten! We are ten! Let's have lunch.

All together: Yummy, yummy, sandwiches. (Chant) Yummy, yummy, apples. One for you, and one for me. Let's share them together. (The curtain falls down.)

2. 마임지도의 실제

• 처음 시작 단계에서 학습자 상호간의 신뢰감을 조성하고 민감성을 기르기 위해 다음과 같은 손쉬운 마임활동을 할 수 있음

활동1. 귀머거리 안내하기	
목적	신뢰감과 협동심 조성
방법	1.짝을 지어 안내자와 귀머거리를 결정한다. 2.교사가 작업 내용이나 목적지를 알려주면(칠판에 글씨쓰기, 불 켜기, 창문열기 등) 안내자는 동작과 얼굴 표정으로 귀머거리를 안내한다. 3.5분 정도의 활동 후 역할을 바꾼다.
시간	8-10분

활동2. 흉내 내기(mirroring)	
목적	집중력과 협동심 조성
방법	1.짝을 지어 서로 마주본다. 2.A학생의 동작을 B학생이 흉내 낸다. 거울 속에 비친 모습이 되어야 한다. 3.역할을 바꾼다.
시간	5-10분

활동3. 상황을 추측하기	
목적	수업 시작 활동, 단결심 고양
방법	1.교사가 각 그룹의 한 학생에게 어떠한 상황을 속삭여 준다. 2.그 학생은 그룹의 학생들에게 그 상황을 마임으로 나타낸다. 학생들은 추측한다. 3.누군가 정확하게 추측하면 즉시 다른 학생이 교사에게서 다른 상황을 받아온다. 4.가능한 상황들: – 파리가 당신이 마시는 커피 잔 속으로 떨어졌다. – 당신은 테니스 경기를 보고 있다. – 신문을 보는 데 바람이 세차게 불어온다. – 우체부가 개에게 쫓기고 있다. – 당신이 샤워를 하는 중 전화벨이 울린다.
시간	5-10분

- 마임의 효과는 시각적인 요소가 두드러지는데 있음.
- 기억은 시각적인 연상에 의해 강화되며 언어 항목들의 재생은 연합된 시각적 이미지가 있을 때 도움이 됨.(C. Rose, 1958).
- 마임이 언어를 마음속에 새기는 데 어떻게 도움을 줄 수 있는지를 보여줌.

활동4. 마임 상자(mime box)	
목적	어휘 항목들을 고안하고 강화시키기 위하여
방법	1.교사는 어휘가 적혀 있는 종이를 상자 속에 준비한다. 2.학생이 그 중 하나를 꺼내 그 단어를 나타내는 마임을 한다. 3.다른 학생들은 추측을 한다. 이 활동은 단어의 목록이 끝날 때까지 계속된다.

- 마임이 진행되는 동안 비록 말이 사용되지는 않지만 나중에 학생들의 토론 시 언어를 더욱 활발하게 써 보도록 하는 촉진제가 될 수 있음.
- 마임은 과업의 성취라는 목적이 있을 때 더욱 언어 학습에 동기를 제공함.

활동5. 마임 장면	
목적	유창성 연습
방법	1.학습자는 그룹을 만들고 교사는 그들이 공연할 주제를 준다. 내용은 3분 이하의 짧은 장면으로 하도록 한다. 2.제한 시간 5분으로 준비와 연습을 한다. 3.그룹별로 발표하고 교사는 청중에게 마임의 내용을 설명해 보도록 한다. 4.적절한 주제들: 실패한 강도질, 첫눈에 반해 버린 사랑, 버스 정거장에서 일어난 일, 극장에서의 다툼.
시간	20분, 그룹의 수에 따라 다르다.

- 가장 발전된 언어학습의 단계이며 마임을 이용한 역할연습임.

활동6. 호텔 접수원	
목적	관찰력의 향상과 재미를 위하여
방법	1.교사가 상황을 설명한다. '호텔에 묵기를 원하는 손님과 접수원 모두가 감기에 걸려 말을 못한다. 마임으로 의사소통을 하라.' 2.학생 2명을 손님과 접수원으로 분리한다. 손님은 자신이 원하는 사항을 접수원에게 마임으로 전달하고, 접수원과 나머지 학생들은 그 의미를 추측한다. 반대로 해 본다. 3.나중에는 그룹별로 나누어 위의 활동을 해 본다. 4.가능한 상황들: It's very cold in my room. I can't turn the heater on. Could you send someone to have a look?
시간	15-20분.

Quiz

Q1. 역할 놀이란 무엇인가?

Q2. 무언극이란 무엇인가?

Q3. 역할놀이의 연습단계 중 창의성이 발휘될 수 있는 단계는? (　　)
① 암기한 대화의 재연
② 문맥 상황에 맞는 역할 연습
③ 단서와 정보가 제공된 역할 연습
④ 즉흥극

Q4. 역할놀이의 연습단계 중 창의성이 발휘될 수 있는 단계는? (　　)
① 암기한 대화의 재연
② 문맥 상황에 맞는 역할 연습
③ 단서와 정보가 제공된 역할 연습
④ 역할극

Q5. 아동들이 할 수 있는 역할극의 한 대화문을 제시해 보시오.

Q6. 아동들이 할 수 있는 무언극을 하나 설명해 보시오.

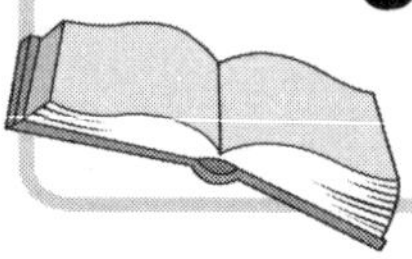

Lesson 9 | 드라마

역할놀이보다 더 나아간 활동으로 상황이 더 구체적으로 제시되고 그 속에서의 등장인물간의 상호작용이 분화되고 다른 여러 상황으로 이어진다. 역할놀이에서의 단순한 역할이 아니라 등장인물의 특성과 성격을 파악하고 다양한 상황 즉 장면에서의 다른 역할들을 배우게 된다. 대사도 길어지고 다른 등장인물과의 상호작용을 통해 내용을 파악하고 실제 상황에서의 역동적인 대화방법을 터득하게 된다.

제1강 | Drama의 학습효과

학습개요

1. 드라마 지도의 중요성
2. 드라마 지도의 실제
3. 초기 예행연습
4. 후기 연습단계

1. 드라마 지도의 중요성

- 드라마를 이용한 언어학습의 가장 기초적인 가치는 활동하기에 즐거운 것이라는 점.
- 학생들은 발성연습, 마임, 즉석연기 등을 준비할 때 많은 즐거움을 누리게 됨.
- 학습 환경이 바뀜으로써 마음껏 활동할 수 있는 넓은 공간을 확보하게 됨.
- 내성적인 학습자라도 드라마 활동 속에서는 적어도 한 번쯤은 주목의 대상이 되고 5분 안에 스타가 될 수 있음.
- 드라마 공연은 사람과 사람 사이의 의사소통을 개선하는데 도움을 줌.

- 보편적인 목표를 향해 일하는 단체의 일원으로서 학생들은 편안한 분위기 속에서 쉽게 친구를 사귀고 우정을 지속시킴.
- 드리마 공연을 위한 예행연습을 하는 동안 대화를 통해 습득되는 언어는 비형식적이고 무의식적인 활동이기 때문에 더욱 언어습득에 유용한 수단이 됨.
- 학생들을 위한 짧은 단편극 공연
  - 연출자로서의 교사를 자유롭게 해줌.
  - 정교한 무대 소품, 조명, 음향효과를 걱정할 필요가 없음.
  - 언어 학습 자체에 집중할 수 있음.
  - 주의 깊게 계획과 준비를 하면 누구든지 성공적인 소품을 상연할 수 있음.

2. 드라마 지도의 실제

- 대본선택
  - 현대영어로 쓰여진 대본이어야 한다.
  - 대화로 이루어진 연극 대본이어야 한다.
  - 가르치려는 영어 학습 목적에 적합한 것이어야 한다.
  - 줄거리는 간단해야 한다.
  - 주제는 흥미롭고 재미있어야 한다.
  - 내용이 구체적이어야 한다.
  - 단편극이 바람직하다.
  - 학생의 수준과 능력에 따른 대본 선택과 작성이 이루어져야 한다.
  - 이솝 우화나 영미동화 또는 우리의 전래동화를 어린이의 수준에 맞게 각색하여 사용한다.
- 배역선정
  - 자발적인 지원자를 우선 선발한다.
  - 소질이 있는 학생을 격려하여 참여하도록 한다.
  - 되도록이면 많은 학생이 여러 분야에 골고루 참여하도록 하여 소외감을 느끼지 않도록 한다.

- 적극성이 덜하거나 방해가 되는 학생은 점차적으로 제외한다.

• 연습시간
- 대본의 길이나 내용의 어려운 정도에 따라 연습시간을 달리한다.
- 이솝 우화 정도의 단편극일 경우라도 일주일에 두 번씩 6 주 정도의 연습시간을 갖는 것이 바람직하다.
- 방과 후 시간을 이용하기 어려운 경우에는 수업시간을 이용해도 좋을 것이다.

• 단체 활동
- 자유로운 분위기를 형성한다.
- 어떤 배역이건 간에 학생들끼리 서로 무시해서는 안 된다.
- 정확한 연습시간을 짜는 일이 매우 중요하다.
- 그룹 내의 취약한 학생들은 서로 도와주도록 한다.
- 다른 교사의 도움을 얻는 것은 커다란 힘이 된다.
- 교사는 열성적이고 자신감이 넘쳐야 하며 꾸준한 가운데 학생들을 격려해 주어야 한다.

3. 초기 예행연습

1)신체적 준비활동

• 학생들의 몸을 푸는 준비활동을 하고 수줍음을 극복하는 다양한 신체적인 연습으로 시작함.
• 장면에 따라 연습 프로그램에 변화가 있어야 함.
• 연극이 격정적이고 열정적인 것인가 아니면 품위 있고 자제되는 것인가에 따라 활동이 달라질 수 있음.
• 신체 준비활동 동안에 근육을 지나치게 긴장시키는 것은 좋지 않음.
• 아이들에게 재미있고 편안하게 느껴지는 것을 행하며 주가 잘하는가 경쟁하지 않도록 함.
• 이 연습은 집단의식과 협동심을 배양하는데 도움을 줌.
• 기초적 준비운동의 단계에 포함되는 연습들.
- 엉덩이를 왼쪽으로 열 번 오른쪽으로 열 번 회전시킨다. 무릎은 약간 구

부리고 손을 엉덩이에 놓는다.

- 팔을 머리위로 힘껏 뻗는다. 그런 다음 머리와 팔을 아래로 떨어뜨린다. 다시 반복해서 천천히 올린다.
- 방향을 바꾸면서 교실을 돌아다닌다. 다른 사람과 부딪히지 않도록 한다.
- 느릿느릿한 걸음걸이로 걷다가 점차적으로 깡충거리기로 바꾼다.
- 한 발로 깡충깡충 뛰어본다. 두 다리를 모으고 옆으로 깡충깡충 뛰어본다.
- 팔과 다리를 힘차게 흔들어 보고 주먹으로 하늘을 쳐 본다.
- 명랑한 음악을 이용하여 활발한 춤을 추어 본다.

2) 목소리 준비활동

- 몸을 푸는 준비활동 후에는 호흡을 조절해야 함.
- 학생들을 원형으로 세우고 그들의 심장 박동이 정상으로 돌아갈 때까지 규칙적으로 호흡하도록 지시함.
- 약 5분 동안 조용히 숨 쉬면서 가슴의 움직임을 느끼라고 말함.
- 코로 숨 쉬라고 지시함으로 턱의 긴장을 품.
- 3초 동안 숨을 들이마시고, 3초 동안 멈추었다가, 3초 동안 내쉼. 5분 이상 연습.
- 어조 연습을 함.
  - 들이마시고 오랫동안 AAAAAAAAH를 하면서 숨을 내쉰다.
  - 들이마시고 오랫동안 OOOOOOOH를 하면서 숨을 내쉰다.
  - 들이마시고 오랫동안 EEEEEEEEEE를 하면서 숨을 내쉰다.
  - 같은 방법으로 MMMMMMMM과 NNNNNNNNN을 연습한다.
  - 위의 것을 결합하여 연습한다. MMMMAAAA ; MMMMOOOOH ; MMMMEEEEE NNNNAAAA ; NNNNOOOH ; NNNNEEEE 등.
  - 어조를 올리고 내리면서 위의 결합을 연습한다. 처음에는 낮게 그리고 나중에는 높게 어조를 올리고 또 반대로 해 본다.
  - 올리고 내리는 어조 연습을 해 본다.

  I can make my voice so really high.

  I can make my voice so really low.

3) 신뢰와 민감성 연습

- 신뢰성 연습
  - 드라마 작업이나 리허설에서 배우들은 친밀함을 요하고 때때로는 신체적 협동을 요구하는 상황에서 서로 일을 해야만 함.
  - 이러한 이유로 배우들은 서로 간에 확고하고 신뢰로운 관계를 형성할 필요가 있음.
  - 신뢰를 쌓기 위한 활동은 집단의 연대감을 조성하는데 도움을 주며 의사소통적 언어 학습에서도 이러한 관계가 똑같이 중요함.
  - 실제로 인본부의 교육자들은 신뢰감을 조성하고 다른 사람들과 그 자신을 공유하는 것이 교육과정의 기초가 되고 다른 친구들과 건전한 관계를 갖는 것은 학습에 많은 전도력이 있다고 말함.
- 민감성 연습
  - 배우들 자신과 주위의 세계에 대한 자각을 도움.
  - 배우가 창조성과 자아 발전을 위해 필수적인 분위기를 형성하는데 도움을 줌.
  - 언어 교수의 목적을 위해 이 활동은 학생들이 진행 중인 작업에 대해 올바른 의식을 갖도록 하는 유용한 수단이 될 수 있음.
  - 집중력을 키우고 흥분하기 쉬운 학생들을 진정시키는데 특별히 유용함.
- 신뢰와 민감성 연습의 가치
  - 창조 활동을 돕는 분위기를 조성

4) 대본 없이 하는 즉흥연기

- 대본에 등장하는 장면에 대해 미리 예비지식을 갖도록 함.
- 특별한 연기가 포함된다면 무언극을 통해 이 활동들을 표현해 봄.
- 장면의 개요를 무대에 적어 놓고 학생들에게 그것에 기초한 짧은 장면을 만들어 내도록 유도하는 것이 바람직한 방법임.

5) 대본을 가지고 하는 연기연습

- 함께 대본을 읽고 발음문제를 지적함.

- 학생들이 이해할 수 없는 단어나 장면들이 있으면 간략히 설명해 줌.
- 교사는 학생들이 어떤 장면에서 어떤 동작으로 움직이고 연기하기를 원하는지에 대한 명백한 기준을 가지고 있어야 함.
- 교사의 자신 있고 활기찬 지도력은 어린 학생들에게는 필수적임.
- 아이들은 공연하려고 하는 연극에 대해 이해가 깊어질수록 더욱 많은 아이디어를 내놓음.

6) 대본에 기초한 즉흥연기

- 대본에 있는 장면을 주의 깊게 연습한 후에 학생들에게 동일한 장면에 대한 즉흥극을 만들어 보도록 함.
- 학생들이 자유롭게 표현하도록 격려함.
- 즉흥연기 연습은 학생들의 대본에 대한 지나친 의존으로부터 자유롭도록 해줌.
- 학생들은 두려움을 덜 느끼게 되는데 대본을 잊어버렸을 때 대화를 즉석에서 꾸미는 방법을 알게 되기 때문임.

7) 연습 강화하기

- 즉흥연기를 해본 후에 대본을 이용하여 한 번 더 예행연습을 해봄.
- 즉흥연기에서의 자발성과 다양성이 첨가되어지고 학생들은 더욱 자신감과 융통성을 갖게 됨.

4. 후기 연습단계

- 대본을 암기한 후 연습하는 단계.
- 설정한 6주의 계획 중 다섯 번째 주부터 대본 없이 연습해 볼 수 있는 기간이 될 것임.
- 학생들이 실제 공연할 장소에서 이루어지는 것이 효과적임.
- 총연습은 실제 공연과 똑같이 이루어져야 함.
  - 적으나마 청중이 있다면 더욱 효과적임.
- 동작지도도 병행함.

- 정면 청중을 향해 발성할 것. 밀집되지 않도록 할 것, 등장인물들이 서로 가리지 않도록 할 것, 자연스러운 동작을 취할 것 등.

• 비디오 녹화를 함으로써 어색한 동작이나 표현을 교정하는 기회를 갖는 것이 필수적임.

• 자신감을 갖도록 하는 효과가 있음.

제2강 | Drama 실제 적용의 예 1

학습개요 1. The Wenny Man

1. The Wenny Man

• 등장인물

Wenny Man: 혹부리 아저씨
Wife 1: 혹부리 아저씨 부인
Nasty Man: 심술보 아저씨
Wife 2: 심술보 아저씨 부인
Goblin 1, 2, 3: 도깨비들
Neighbors: 이웃 사람들

1) Scene 1

Neighbors:

Oh, do you know the wenny man,
The wenny man, the wenny man?
Oh, do you know the wenny man,
Who has a wen on his neck?
Oh, yes, I know the wenny man,
The wenny man, the wenny man.

Oh, yes, I know the wenny man,

Who is a good singer.

Wife1: We have no firewood.

Wenny man: I'll go get some.

Wife1: Take care.

Wenny man: Okay. Bye!

2) Scene 2

Wenny man:

Twinkle twinkle little star,
How I wonder what you are!
Up above the world so high,
Like a diamond in the sky.
Twinkle twinkle little star,
How I wonder what you are!

Goblins: Hi!

Wenny man: Goblins!

Goblins: You are a good singer.

Goblin1: Can I have your singing wen?

Wenny: No, no, no!

Goblins:

Look!
Abracadabra! Hocus Pocus!
I want gold, gold.
Abracadabra! Hocus Pocus!
I want silver, silver.

Goblin 1: Have this magic bat.

Wenny man:

Okay. Have my singing wen.

Abracadabra! Hocus Pocus! Cut it off!
Good luck!

Goblins: Good bye!

Wenny man: Bye bye!

Goblins:

One little, two little, three little goblins.
We are goblins, three little goblins.
One little, two little, three little goblins.
Three little goblins.

3) Scene 3

Wenny man: Look at this, Honey!

All people:

Abracadabra! Hocus Pocus!
I want gold, gold.
Abracadabra! Hocus Pocus!
I want silver, silver.
Abracadabra! Hocus Pocus!
We want candies, candies.

Wenny couple:

Now we are rich.
We are happy.

Neighbor:

Oh, yes, I know the rich man.
The rich man, the rich man.
Oh, yes, I know the rich man,
Who has a magic bat.

Nasty Man: I want gold.

Wife 2: I want silver.

Nasty couple:

We want to be rich.
We want a magic bat

Wife 2: I have a good idea.

Nasty man: Tell me.

4) Scene 4

Nasty couple:

Twinkle twinkle little star,
How I wonder what you are!
Up above the world so high,
Like a diamond in the sky.
Twinkle twinkle little star,
How I wonder what you are!

Goblins: Stop there!

Nasty couple: Hi, goblins!

Nasty man:

I have a singing wen.
Do you want, do you want,
Do you want my singing wen?

Goblins:

Singing wen, singing wen.
it's not a singing wen.
Never, never.
We don't want it.

Goblin1: It's not a singing wen.

Goblin2: You're a liar.

Goblin3: Take this wen.

Goblins:

Abracadabra! Hocus Pocus!
Stick it on!

Wife2: You have two wens.

Nasty man: Oh, no!

Wife2: Look! Look! He has two wens.
Nasty man: What! What! What shall I do?
Wenny man:
Don't cry. Don't cry. I'll help you.
Abracadabra! Hocus Pocus! Cut them off!
Nasty man: Thank you!
Wenny man: You're welcome.
All: Oh, do you know the wenny man,
The wenny man, the wenny man?
Oh, do you know the wenny man,
Who has a wen on his neck?

Oh, yes, I know the wenny man,
The wenny man, the wenny man.
Oh, yes, I know the wenny man,
Who is a good singer.

제3강 | Drama 실제 적용의 예 2

학습개요

1. The Elves and the Shoemaker
   1) Scene 1
   2) Scene 2
   3) Scene 3
   4) Scene 4

1. The Elves and the Shoemaker

• 등장인물

Shoemaker:구두장이 할아버지

Wife: 구두장이 할아버지의 부인
Elf1, 2, 3, 4, 5: 요정들
Cuckoo: 뻐꾸기시계
Sun: 해
Moon: 달
Lady: 숙녀
Gentleman: 신사

1)Scene1

Elves:

Little elves in the shoe,
Sing a pretty song.
Shall we, oh, shall we,
Shall we sing?
Little elves on the hat,
Dance up high.
Shall we, oh, shall we,
Shall we dance?

Elf3: Hush!
Wife: We have no bread. We have no money.
Shoemaker: It's the last piece of leather.
Cuckoo: Cuckoo! Cuckoo! It's ten o'clock.
Shoemaker: Time for bed. Good night, Dear!
Wife: Good night, Dear!
Moon: Good night!
Shoemaker: Good night, Mrs. Moon!
Elf2, 3: Poor Grandma!
Elf4, 5: Poor Grandpa!
Elves:

Let's make shoes!
Big and nice shoes.
Snip, snip, sew, sew.
Let's make shoes!

2) Scene 2

Cuckoo:
Cuckoo! Cuckoo! It's seven o'clock.
Wake up! Wake up!
Shoemaker: Good morning, Dear!
Wife: Good morning, Dear!
Sun: Good morning!
Couple: Good morning, Mr. Sun!
Shoemaker: Look!
Wife: Wow, nice shoes!
Lady: Look, what nice shoes!
Gentleman: Yes, what nice shoes!
Shoemaker: May I help you?
Lady: I want those shoes.
Gentleman: How much? How much?
Wife: Five dollars, five dollars. Just five dollars.
L&G: One, two, three, four, five, five dollars!
Gentleman: Here you are.
Couple: Thank you, sir. Bye!
L&G: Good bye!
Shoemaker: I can buy some leather.
Wife: I can buy some bread.
All: If you 're happy and you know it,
Clap your hands.

If you 're happy and you know it,
Clap your hands.
If you 're happy and you know it,
Then you really want to show it.
If you 're happy and you know it,
Clap your hands.

Shoemaker: Who made the shoes?

Wife: I don't know.

Shoemaker: I have a good idea.

3) Scene 3

Cuckoo: Cuckoo! Cuckoo! It's ten o'clock.

Shoemaker: Look! Elves! Five little elves!

Wife: They are so cute.

Elves:

Let's make shoes!
Big and nice shoes.
Snip, snip, sew, sew.
Snip, snip, sew, sew.
Let's make shoes!

Elf5: It's done.

Elf4: What pretty shoes!

Elf3: I like them.

Elf2: Time to go.

Elf1: Okay.

4) Scene 4

Couple: Let's make them presents!

Shoemaker: I'll make them shoes.

Wife: I'll make them hats.

All: There are elves helping the poor people.

Elf is their name, o.

Elf, E-L-F

Elf, E-L-F

Elf, E-L-F

Oh, we all love them, o!

Shoemaker: Finished. Let's put them on the table.

Wife: Okay.

Cuckoo: Cuckoo! Cuckoo! It's ten o'clock.

Shoemaker: Let's hide and see. Hurry up!

Elf1: Look at these!

Elf2: Little red shoes.

Elf3: Little yellow hats.

Elves: I love them.

Elves: Thank you, Grandma. Thank you, Grandpa.

Couple: Thank you, elves.

Quiz

Q1. 드라마란 무엇인가?

Q3. 드라마의 초기 예행 연습에 속하지 않는 것은? (　　)

① 신체적 준비활동　　② 목소리 준비활동

③ 신뢰와 민감성 연습　　④ 리허설

Q4. The Weeny Man은 무슨 내용인가?

Lesson 10 | 창작놀이

기본적인 그리기, 색칠하기, 만들기 과정을 통해 창작활동을 하는 그 자체에 흥미와 몰입을 유도한다. 이런 과정에서의 언어적 접촉은 무의식적으로 언어를 습득하게 하는 효과가 있다. 창작놀이를 하는 동안 적절한 언어적 제시와 그에 대한 아동의 적절한 답을 유도하는 것이 바람직하다. 아동들의 창의력을 발현하는 놀이가 될 수 있고 미술적 감각을 키워줄 수 있고 실제적인 대화상황으로 언어적 표현력도 자연스럽게 신장시켜 준다.

제1강 | Art & Craft의 학습효과

학습개요	1. 창작 놀이와 만들기 2. Milly and Molly and the Big, Bad Cat

1. 창작 놀이와 만들기(사라필립스, 2002)

- 일반 교육 과정의 중요한 부분임.
- 아이들의 상상력을 증진시킴.
- 손-눈의 조합과 같은 능력을 발달시키기 때문임.
- 매우 재미있고 아이들의 동기를 유발시킬 수 있음.
- 영어로 지시문은 줄 수 있음.
- 다른 언어를 학습활동을 목표로 하는 만들기에 사용할 수 있음.
  - '책 만들기'는 스토리텔링과 쓰기 활동에 사용가능.
  - '돌림판'은 게임에 사용가능.
  - '인형 만들기'와 '가면 만들기'는 드라마에 사용가능.
- 창작활동을 계획할 때에는 교사가 먼저 해보는 것이 중요함.

- 활동 중 유의해야 할 점을 미리 예상해 보았지만 실제 수업시간에 예상치 못한 어려운 점에 부딪히게 될 수도 있음.
- 아이들로부터 예술작품을 기대하지는 마라.
- 중요한 것은 활동의 과정이고 사용되는 언어임.
- 아이들이 창작 활동 내내 영어를 말하도록 기대하는 것은 비현실적임.
- 때때로 아이들에게 영어적 표현을 쓰도록 고무시키는 것이 좋음.
  - Can I have the scissors?
  - Do you like it?
- 교사는 가능한 한 많은 영어를 사용하는 것이 좋음.
- 창작활동의 상황이 사용되는 영어 의미를 명확히 해줄 것이다.
- 실제 의사소통을 하게 되는, 놓쳐서는 안 될 매우 훌륭한 기회임.
- 아이들이 만들기를 하면서 들을 수 있도록 영어 노래 테이프를 틀어줄 때 무의식적으로 얼마나 많은 것이 아이들에게 입력되는지 놀라게 됨.
- 아이들이 창작 활동을 끝마쳤을 때 교실 안이나 교내에 그들의 작품을 전시하도록 함.
- 아이들에게 자신의 일에 대한 자신감을 줄 수 있고 다른 학급의 학생들도 영어와 접촉할 기회를 갖게 됨.

2. Milly and Molly and the Big, Bad Cat

- 수준: 1살.
- 나이: A, B.
- 시간: 세 시간(three slots) - 20분, 30분, 20분. (세 가지를 한 차시에 모두 하거나 각각 따로 할 수 있음)
- 목표
  - 언어적: 이야기 듣기.
  - 다른 면: 색칠하기, 자르기, 붙이기.
- 요약: 교사가 오린 형체를 보여주며 아이들에게 이야기를 들려준다. 아이들이 스스로 형체를 만들어서 이야기를 공연하는 데 사용한다.
- 준비물: 밀리, 몰리 고양이의 형체, 끈, 풀, 가위, 색연필, 치즈로 사용하기 위한

노란 점토.

• 준비활동
  - 밀리, 몰리 그리고 Big, Bad Cat의 형체를 만들어서 도화지에 붙인다.
  - 아래에 있는 이야기 개요를 읽고 연습한다. 이 때 많은 표정, 몸동작, 만복을 사용하는 것을 기억한다.
  - 견본을 학생 수만큼 복사한다. 복사할 수 없으면 두꺼운 도화지로 본을 몇 개 만들어서 아이들이 이것을 대고 그리도록 한다.

Milly and Molly and the Big, Bad Cat

Once upon a time-two mice-Milly and Molly-friends

One day-very hungry

Suddenly-smelt something-cheese!

But-problem-Big, Bad Cat was guarding the cheese!

Milly had an idea-crept out of the hole-made arude face at the cat.

Big, Bad Cat was very angry-said 'Miaow'-ran after Milly.

Milly ran and ran and ran.

Meanwhile-Molly crept out-took the cheese!

Milly ran and ran-just got back to the hole in time.

They ate the cheese.

Big, Bad Cat said 'Miaow'.

* 가능하다면 아이들이 교사 주위에 원으로 둘러앉게 하여 크고 못된 고양이가 밀리를 잡으러 원 밖으로 뛰게 한다.

Milly had an idea-crept out of the hole-made a rude face at the cat.

Big, Bad Cat was very angry-said 'Miaow'-ran after Milly.

Milly ran and ran and ran.

Meanwhile-Molly crept out-took the cheese!

Milly ran and ran-just got back to the hole in time.

They ate the cheese.
Big, Bad Cat said 'Miaow'.

▶ 수업진행

• 1단계

- 가능하다면 아이들이 교사 주위에 원으로 둘러앉게 하여 크고 못된 고양이가 밀리를 잡으러 원 밖으로 돌면서 뛰게 한다.
- 아이들에게 교사가 만들어 놓은 형체를 보여준다. 밀리와 몰리를 쥐구멍-의자 밑 같은 곳-에 넣고 치즈는 원 가운데에 둔다.
- 이야기를 두 번 들려준다. 첫 번째는 아이들이 듣기만 하고 두 번째는 아이들에게 동물의 이름을 물어보고 교사와 함께 몸동작을 하게 한다.
- 각각의 동물 역할을 맡을 지원자들이 나오게 하여 교사가 이야기를 다시 들려줄 때 이것을 듣고 공연하게 한다.

• 2단계

- 아이들에게 형체를 자르고 색칠하고 접어서 붙이는 방법을 보여준다. 원한다면 끈으로 된 '꼬리'를 붙일 수도 있다. 활동을 하고 있을 때 학급 주위를 다니며 칭찬해 주고 What colour is the cat? 등의 질문을 한다.

• 3단계

- 아이들을 세 명의 그룹들로 나누고 누가 밀리, 몰리 그리고 고양이가 될지 정하게 한다. 각 그룹에게 치즈로 사용할 점토를 준다. 활동할 장소를 찾게 하고 밀리와 몰리가 어디에 사는지 정하게 한 후 치즈를 제자리에 둔다.
- 이야기를 다시 한 번 들려준다. 이 때 아이들은 이야기를 들으면서 공연한다.

• 후속활동 1

- 아이들이 이야기의 한 장면을 그린 후 이 그림에 들어갈 글을 모국어로 얘기함.
- 교사가 이것을 영어로 번역해서 칠판에 적어주면 아이들이 이것을 그림에 적음.

- 후속활동 2
  - 아이들이 이야기를 가지고 책을 만듦.
- 후속활동 3
  - 아이들이 등장인물의 가면을 만들고 이야기를 공연함.
  좀 더 고급 수준의 아이들에게는 대화를 직접 만들어보게 할 수 있음.
- 후속활동 4
  - 같은 등장인물을 이용하여 다른 이야기를 고안해 냄.
- 조언
  - 아이들의 나이와 이야기에 대한 흥미 도를 고려하여 이후 활동을 신중하게 선택함. 같은 이야기를 너무 많이 반복해서 사용하지 않음.
  - 만화나 코믹 스트립에서 이런 종류의 이야기에 대한 다른 형태의 활동을 찾을 수 있을 것이다.
  - 스토리텔링에 아주 훌륭한 보조 자료는 깔깔이 보드임. 등장인물 형체의 뒷면에 보들이를 붙이면 교사나 학생이 이를 마음대로 움직일 수 있음.

제2강 | Art & Craft의 실제 1

학습개요

1. Vocabulary Jigsaws
2. Pick up twos(pelmanism)
3. Make a weather clock

1. Vocabulary Jigsaws

- 수준: 2.
- 나이: A, B.
- 시간: 30분
- 목표
  - 언어적: 어휘 복습.
  - 다른 면: 그리기, 색칠하기, 자르기, 붙이기 연습, 퍼즐의 조각 맞추기.

- 요약: 아이들이 비어 있는 퍼즐을 단어와 그림으로 채운 후 이를 잘라서 퍼즐을 다시 맞춰본다.
- 준비물: 만들어진 퍼즐, 깔깔이, 학생 수만큼의 빈 퍼즐 복사본, 얇은 도화지, 학생 수만큼의 봉투, 색연필, 풀, 가위.
- 준비활동.
  - 교사가 미리 퍼즐을 만든다.
  - 학습의 인원이 많으면 큰 도화지 위에 큰 퍼즐을 만드는 것이 좋다.
  - 모든 학생들이 볼 수 있도록 칠판에 붙인다.
- 수업진행
  - 아이들에게 퍼즐의 그림 조각들을 보여주고 영어로 그림이 무엇인지 물어본다.
  - 단어 조각들을 보여주고 각 단어에 해당하는 그림 조각과 맞추게 한다.
  - 아이들이 각자 이와 비슷한 퍼즐을 만들 것이라고 설명한다.
  - 빈 퍼즐 사본을 나누어 주고 아이들이 무엇을 해야 하는지 아는지 확인한다.
  - 아이들이 활동하고 있을 때 학습을 다니면서 격려하고, 조언해 주고 간단한 질문을 던진다.
    - ▸What's this picture?
    - ▸How do you say this in English?
  - 조각들을 자르고 넣을 봉투에 이름과 퍼즐의 제목을 쓰게 한다.
  - 아이들이 끝마쳤을 때 퍼즐을 서로 교환하여 맞추게 한다.

2. Pick up twos(pelmanism)

- 수준: 모두.
- 나이: 모두.
- 시간: 카드 만들기 30분. 게임 15-20분.
- 목표
  - 언어적: 만들어진 카드에 의해 결정됨.
  - 다른 면: 기억력 학습.

- 요약
  - 아이들이 짝을 이루는 카드 묶음을 만든다.
  - 이 카드를 이용하여 두 개씩 고르기 게임을 한다.
- 준비물: 시범으로 보여줄 카드 세트, 한 명당 8개의 카드, 봉투, 색연필, 잡지에서 고른 그림들, 풀.
- 준비활동
  - 어떤 언어 사항을 연습시킬지 결정한다.
  - 이 게임 방법을 보여줄 때 쓸 4~5쌍의 카드를 크게 만들어서 칠판에 붙인다.
  - 모든 카드는 같은 크기여야 하고, 카드의 한 면에는 그림이나 단어를 쓰고 다른 면은 비워둔다.
  - 교사가 그림 그리기에 자신이 없으면 잡지의 사진들을 이용해도 된다.
  - 단어가 쓰여진 카드와 그림이 그려진 카드를 구별하기 위해서 두 가지 색의 카드를 쓰거나 카드 뒷면에 표시를 해둔다.
- 짝 만드는 방법
  - 어휘: 카드 하나에는 그림이 있고 다른 카드에는 이에 해당하는 단어가 있다. 혹은 두 개의 카드 모두 같은 그림이 있고 아이들이 카드를 뒤집으면서 이름을 말한다.
  - 문장: 카드 하나에는 그림이 있고 다른 카드에는 그림에 해당하는 문장이 있다.
  - 질문과 대답: 한 카드에는 질문이, 다른 카드에는 대답이 있다.
  - 반의어: 카드 쌍이 반의어로 짝지어져 있다.
  - 동사: 카드 하나에는 동사의 부정형이, 다른 카드에는 과거형 또는 과거진행형이 있다. 혹은 동사의 세 가지 형태를 모두 사용하여 세 개 고르기 게임을 할 수도 있음.
  - 자유조합: 좀 더 고급 수준의 아이들을 위한 활동. 카드가 쌍으로 짝을 지어 섞여 있지 않고 단어, 그림 혹은 둘 다 쓰여 있다. 아이들은 임의로 카드 두 장을 뒤집어서 이 카드 위에 무엇이 있는지를 영어 문장으로 만들 수 있으면 그 카드 두 장을 갖는다.

- 1단계
  - 아이들에게 카드 묶음을 보여주고 진원자로 하여금 카드의 짝들을 맞추게 한다.
  - 게임방법
    - ▸칠판에 카드의 뒷면이 보이도록 붙인다.
    - ▸단어가 쓰여 진 카드를 한 쪽에, 그림이 그려진 카드를 다른 쪽에 둔다.
    - ▸한 학생에게 양쪽의 카드를 하나씩 뒤집게 한다.
    - ▸카드의 짝이 맞지 않으면 다시 돌려놓고 다른 학생에게 기회를 준다.
    - ▸이것은 기억력 게임이기 때문에 카드의 위치가 그대로 유지되게 하는 것이 매우 중요하다.
- 아이들이 카드를 뒤집었다가 제자리에 다시 돌려놓게 한다.
  - 아이들이 게임 방법을 터득했을 때 학생들 스스로 카드를 만들어 볼 것이라고 말한다.
  - 아이들이 카드를 만들 때 교사는 교실을 순회하며 조언해 주고 칭찬해 주면서 필요한 학생에게는 도움을 준다.
  - 활동을 마쳤을 때 아이들에게 카드를 넣어둘 봉투를 하나씩 준다.
- 2단계
  - 아이들이 네 명씩 짝짓게 한다. 카드를 꺼내서 게임을 시작하게 한다.
  - 가장 많은 쌍의 카드를 가진 사람이 이긴다.

3. Make a weather clock

- 수준: 1. 2
- 나이: A, B.
- 시간: 30분.
- 목표
  - 언어적: 날씨 어휘, 지시어 듣고 따라 하기.
  - 다른 면: 그리기, 색칠하기, 자르기, 날씨 상징 디자인 구상하기.
- 요약: 아이들이 '날씨 시계'를 만들어서 해당하는 날씨에 맞추어 바늘을 움직이는 연습을 한다.

- 준비물: 교사가 미리 만든 날씨 시계, 학생 수만큼의 빈 시계 판 복사본, '시계바늘'을 만들기 위한 도화지, 학생 수만큼의 할핀.
- 준비활동
  - 교사가 날씨 시계를 만든다.
- '시계'에 날씨 상징그림을 그린다.
- 얇은 도화지를 이용하여 '바늘'을 만들고 세 개의 바늘을 겹쳐놓고 가운데에 할핀을 꽂는다.
  - 아이들에게 줄 지시문을 생각한다.
  - 아이들 수만큼의 빈 시계를 복사한다.
  - 도화지를 잘라서 시계의 바늘을 만든다.
- 수업진행
  - 아이들에게 어떤 날씨들이 있는지 영어로 말해 보게 한 후 칠판에 날씨 목록을 적는다.
  - 한 학생이 칠판에 나와 목록에 있는 날씨 한 가지를 나타내는 그림을 그리게 한다.
- What do trees do when it is windy? And the leaves? And your umbrella? And your hat?
  - 교사의 날씨 시계를 보여주고 What's the weather like today?라고 묻는다. 대답에 맞게 바늘을 돌려놓는다.
  - 아이들에게 각자 시계 하나씩을 만들어볼 것이라고 얘기한 후 시계 만드는 과정을 보여 주면서 영어로 만드는 방법에 대한 지시문을 말해 준다.
- 조언
  - 날씨를 나타내는 상징에 대한 개념을 아이들에게 소개하는 다른 방법은 TV나 신문의 날씨 표에 사용되는 그림을 보게 하는 것이다.
  - 시계가 완성되면 이것을 여러 가지 방법으로 사용할 수 있다.
- 후속활동1
  - 정보차 활동의 기본 자료로 사용할 수 있다.
  - 아이들이 짝을 이루어 활동한다.
  - 한 아이는 다른 짝이 보지 못하게 시계바늘을 맞추어 둔다.

－다른 짝은 질문을 계속함으로써 앞의 학생과 같은 날씨에 바늘을 두게 한다.

- 후속활동2
  －듣기 활동: 교사가 날씨에 대해서 이야기하면 아이들은 여기에 맞게 날씨 시계 바늘을 옮긴다.
  －시계가 완성되면 이것을 여러 가지 방법으로 사용할 수 있다.
- 후속활동3
  －아이들이 만든 시계를 교실 벽에 두고 매일 그날의 날씨에 맞게 바늘을 옮겨놓게 한다.
- 응용
  －'시계' 아이디어를 다른 주제에 사용할 수도 있다.
  ▸병(Ilness): He's got a cold, a headache, or toothache.
  ▸감정(feelings): I'm happy, sad, or angry.
  ▸옷(clothes): I'm wearing trousers, a shirt, and a jumper.

제3강 | Art & Craft의 실제 2

학습개요

1. Spinners
2. 돌림판을 이용한 게임
3. Twin plasticine monsters
4. Making puppets
5. Making books
6. 책의 종류

1. Spinners

- 수준: 모두.
- 나이: 모두.
- 시간: 돌림판 만들기 30분, 게임 10~20분
- 목표

－언어적: 영어로 된 지시문 읽고 따라 하기.
－다른 면: 컴퍼스 사용하기, 색칠하기, 자르기.

- 요약: 아이들이 여러 가지 게임에 사용될 수 있는 돌림판을 만든다.
- 준비물: 도화지, 컴퍼스 혹은 육각형 본, 칵테일 막대기, 가위, 색연필, 봉투.
- 준비활동

－아이들이 어떤 게임을 만들게 할지 결정한다.
－게임을 보여주기 위한 돌림판을 만든다.
－어린 아이들이 스스로 육각형을 만들기 어려우므로 종이에 대고 그릴 수 있는 본을 만들거나 육각형을 복사해 주어서 자르도록 한다.

- 수업진행

－만들어 놓은 돌림판을 보여주고 게임하는 방법을 알려준다. 이 때 칠판에 도표를 그린다.

▸반지름이 약 3cm가 되도록 컴퍼스를 맞추어 원을 그린다.
▸컴퍼스의 핀을 원의 한 지점에 맞추어 두고 원 주위를 따라 콤파스 간격만큼 표시를 한다.
▸표시된 점을 연결하여 육각형을 만든다. 육각형을 오리고 꼭짓점들을 연결하여 여섯 개의 삼각형을 그린다.

－모든 아이들이 육각형을 만들었을 때 게임하는 방법을 얘기한다. 아이들의 질문에 답해 준다.
－돌림판을 넣어둘 봉투 하나씩을 준다.

2. 돌림판을 이용한 게임

- 어휘 연결하기

－아이들이 짝을 지어 활동한다.
－한 명은 그림으로 된 돌림판을 만들고 다른 한 명은 그림에 해당하는 단어로 돌림판을 만든다.
－아이들이 차례로 두 개의 돌림판을 동시에 돌린다.
－단어와 그림이 맞게 연결되어 나오면 1점을 얻는다.

- 돌림판 복권

- 3~4명의 그룹으로 활동한다.
- 학생이 각자 그림으로만 된 돌림판을 하나씩 만든다.
- 모든 돌림판에 있는 그림 중에 여섯 가지를 골라 목록을 적어둔다.
- 차례로 돌림판을 돌려서 나온 그림이 자신의 목록에 있으면 그것을 지운다.
- 가장 먼저 단어 목록을 모두 지우는 사람이 이긴다.

• 세트 모으기
  - 교사가 칠판에 여섯 개의 어휘 가족들을 적는다.

• The family, animals, the house, clothes, food and drink, colours.
  - 학생은 각 어휘 가족에 속하는 단어 하나씩을 자신의 돌림판에 그려 넣는다. 아이들이 네 명씩 그룹지어 게임을 한다.
  - 아이들은 각자 어떤 어휘 가족을 모을지 정하고 순서대로 네 개의 돌림판을 돌린다.
  - 자신이 정한 어휘 가족에 속하는 네 개의 모든 단어들을 먼저 모은 사람이 승리한다.

• 보드 게임
  - 보드 게임에서 주사위 대신 돌림판을 이용할 수 있다.
  - 돌림판 안의 삼각형에 보드 게임에 사용될 숫자, 색, 단어 등을 적는다.

3. Twin plasticine monsters

• 수준: 2.
• 나이: 모두.
• 시간: 30분.
• 목표
  - 언어적: 신체 부위, 색깔, 묘사를 듣고 이해하기, 묘사하기.
  - 다른 면: 모형 만들기.
• 요약
  - 아이들이 지점토 괴물을 하나 만든다.
  - 한 아이가 4~5 가지 색의 지점토를 갖도록 준비한다.
• 준비물: 여러 색깔의 지점토.

• 준비활동
  – 교사가 지점토 괴물을 하나 만든다.
  – 한 아이가 4~5 가지 색의 지점토를 갖도록 준비한다.
• 수업진행
  – 칠판에 괴물 하나를 그려서 아이들이 영어로 신체 부위의 명칭을 말할 수 있고 이를 묘사할 수 있는지 확인한다.(ex. He's got a long tail.)
  – 교사가 만들어둔 지점토 괴물을 아이들에게 보여주고 이것을 영어로 묘사해 보게 한다.
  – 아이들이 짝을 짓게 하고 지점토를 나누어준다.
  – 아이들은 자신에게 주어진 지점토 반을 이용하여 괴물 하나를 만드는데 짝이 보지 못하게 한다.
  – 각 쌍에서 한 명이 짝에게 자신의 괴물을 영어로 묘사해 주도록 하며 이때 짝이 괴물을 볼 수 없게 한다.
  – 모든 괴물이 완성되면 아이들이 이름을 붙여주고 만든 괴물들을 '괴물 공원'에 전시한다.
• 후속활동 1
  – 쌍둥이 괴물을 이용하여 비교형을 연습한다.
• 후속활동 2
  – 한 학생이 '괴물 공원'에 있는 것들 중 하나를 묘사하면 나머지 학생들은 그것이 어떤 것인지 알아맞힌다.
• 후속활동 3
  – 괴물들을 이용하여 이야기를 만든다.
• 응용
  – 지점토로 괴물 모형을 만드는 대신 괴물을 그릴 수 있다.
• 조언
  – 이 게임의 목표가 자신의 괴물을 짝에게 정확하게 묘사해 주어서 짝이 만든 괴물이 자신이 묘사해 준 것과 똑같이 되도록 하는 것임을 분명히 해준다.
  – 종종 아이들은 짝이 자신의 괴물과 똑같이 만들지 '못하면' 자신이 '이겼

다'고 생각한다.

4. Making puppets

- 수준: 모두.
- 나이: 모두.
- 시간: 20~40분.
- 목표
  - 언어적: 쓰여진 혹은 들려주는 지시문 따라 하기, 인형을 사용한 말하기 연습의 기회제공.
  - 다른 면: 만들기 솜씨 향상, 조합능력, 협동심 기르기.
- 준비활동
  - 학생들과 이 활동을 하기 전에 교사가 먼저 인형을 만들어 본다.
  - 아이들에게 만들기 지시를 어떤 방법으로 해줄지 결정한다.
- 손가락 인형
  - 준비물: 얇은 사인펜, 색연필, 가위, 원형종이, 아이들의 손가락!
  - 수업진행
    - ▸아이들이 원형 종이를 색칠해서 인형의 옷을 만든다.
    - ▸원형 종이를 오린 후 가운데를 조금 잘라서 목을 만든다. 원의 한 끝에서 가운데로 한 선을 자른다.
    - ▸손가락 하나에 얼굴을 그린 후 종이 원을 손가락 위에 대고 잘라진 부분을 겹쳐서 치마 모양을 만든다.
- 막대기 인형
  - 준비물: 인형 모형을 학생 수만큼 복사한다. 인형에 붙일 두 개의 얇은 막대기, 색연필, 가위, 카드, 풀, 인형 하나에 할핀 하나씩, 접착테이프.
  - 수업진행
    - ▸인형 모형의 인형과 팔을 색칠한다.
    - ▸이것을 도화지에 붙인 후 오린다.
    - ▸할핀을 이용하여 팔을 인형의 팔꿈치에 연결하고 접착테이프를 이용하여 막대 하나는 인형의 뒷면에 붙이고 다른 하나는 팔에 붙인다.
- 종이봉지 인형

- 준비물: 학생 수만큼의 종이봉지, 색연필, 가위, 풀, 머리카락에 쓰일 털실, 학생 수만큼의 고무 밴드.
- 수업진행
  - ▸종이 봉지에 얼굴을 그린다. 얼굴 그림을 그리는 대신 이미 만들어진 눈, 코, 입을 오려서 붙이고 머리에 털실을 붙일 수 있다.
  - ▸얼굴이 준비되었을 때 종이 봉지를 주먹 위에 넣고 고무 밴드로 아래를 묶는다.

• 조언
- 아이들이 만드는 이러한 종류의 인형과 함께 수업 시간에 교사가 이용할 장갑 인형이나 팝업 인형 등 좀 더 정교한 인형을 준비해 두는 것이 유용하다.
- 영어만 쓰는 시간을 갖게 하기 어려우면 아이들에게 인형이 영어만 할 수 있다고 얘기해 준다.
- 아이들은 인형 이용하는 것을 매우 재미있어하며, 이것은 종종 가장 말이 적은 아이들이 말하도록 용기를 돋궈주는 효과를 가져온다.

5. Making books

• 수준: 모두.
• 나이: 모두.
• 시간: 30분.
• 목표
- 언어적: 만드는 책의 종류에 의해 다름.
- 다른 면: 아이들이 책과 책 만들기에 대해 이해하기, 책 감상하는 것을 돕기, 창의력 신장.

• 요약
- 아이들이 스스로 책을 만들어 본다.
- 만드는 책은 'My family' 혹은 'My day'와 같은 주제나 이야기나 프로젝트 등 거의 어떤 것에 대해서든지 만들 수 있다.

• 준비물: 종이, 책표지로 사용할 은 도화지, 색연필, 가위, 풀, 스템플러 혹은 끝이 너무 뾰족하지 않은 바늘과 실.

• 준비활동
 - 책 만드는 과정의 각 단계에서마다 보여줄 예를 만든다.
  ▸갈라진 페이지들, 책으로 묶기 전에 쓰여 진 페이지들, 표지, 완성된 책.
 - 책 만들기 과정의 각 단계를 보여주는 worksheet나 포스터를 만드는 것이 좋다.
 - 아이들은 교사에게 물어보는 대신 스스로 보고 만들 수 있다.

6. 책의 종류

• 전통적인 책
 - 도화지로 책표지를 만든다. 책 내의 페이지보다 좀 커야 한다.
 - 하얀 종이나 색종이로 책 만들 페이지를 자른다.
 - 페이지에 쓸 때에는 여백을 남기는 것을 기억한다.
 - 페이지들을 표지에 맞추어 스테이플러로 찍거나 실로 꿰맨다.

• 필름 스트립 책
 - 도화지 한 줄 잘라서 정사각형으로 등분한다.
 - 정사각형 안에 글씨를 쓰고 그림을 그린다-오른쪽에서 외쪽으로.
 - 다른 도화지 한 장을 잘라서 위의 필름 너비의 두 배가 조금 더 되도록 만든다.
 - 도화지에 필름의 '사진' 크기보다 조금 작은 정사각형을 그려서 오려낸다.

• 아코디언 책
 - 긴 종이 한 장을 지그재그로 접는다.
 - 양쪽 끝의 두 면은 표지로 사용하고 안쪽 페이지에 글을 쓴다. 양쪽 끝에 막대를 붙일 수도 있다.
 - 책을 접은 후 원한다면 페이퍼 클립을 이용하여 책을 접혀진 채로 둘 수 있다.
 - Note: 지그재그로 접혀진 종이 위에 주제에 맞는 작은 모양을 그려 자를 수도 있다. 예를 들어 'My friends'는 간단한 사람들 모양이 될 수 있다.

• 뒤집는 책

-위에 보여 진 전통적인 책 만들기와 같은 방법으로 표지와 내부 페이지를 만든다.
-물건이 하나 숨어 있는 그림을 그린다.
-숨어 있는 물건을 가릴 뚜껑을 그려서 자른다.
-투명 테이프로 뚜껑을 그림에 붙여 연결선을 만든다.

• 동그란 책
-두꺼운 도화지에 원 두 개를 그려서 오린다.
-원 하나에는 창을 하나 그려서 오려내고 다른 원은 6~8등분으로 선을 긋는다.
-각 등분에 글씨를 쓰거나 그림을 그린다.
-'창문'있는 원을 원본 원 위에 두고 할핀을 꽂는다.

Quiz

Q1. 창작놀이이란 무엇인가?

Q2. 창작놀이에서 제시하는 책의 종류에 해당하지 않는 것은? (　　)
① 필름 스트립 책　　② 아코디언 책
③ 뒤집는 책　　④ 카드책

Q3. 창작놀이 중 하나를 제시하고 설명해 보시오.

Lesson 11 | 알파벳

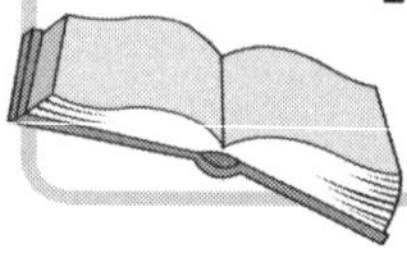

영어학습의 기초는 알파벳과 친해지고 파닉스를 익히는 것이다. 새로운 언어에 대한 두려움을 없애고 즐겁게 접해보고 신나게 발음하는 습관이 중요하다. 여기서 새로운 언어의 자모음을 눈으로 익히고 귀로 발음을 익히고 소리를 직접 내어보고 여러 가지 활동을 통해 직접 적어 보는 읽기, 듣기, 말하기, 쓰기의 네 가지 언어기능의 기초를 연습할 수 있다. 이 과정을 통해서 기초적 언어기능을 훈련시키게 되면 점차 긴 문장들을 접하게 될 때도 자신감 있게 두려움 없이 익힐 수 있게 된다. 자칫 지루할 수도 있고 아동이 짜증을 낼 수도 있으니 아동의 집중력 유지 시간을 확인하고, 조심스럽게 적은 분량으로 충분히 즐겁게 이해할 수 있도록 진행해야 한다. 언어기능 연습의 첫 단계에서 즐겁게 재미있게 놀듯이 알파벳과 친해지고 파닉스를 노래처럼 따라 익히는 방법을 알아보자.

제1강 | 알파벳 놀이 & Phonics 지도의 학습효과

학습개요	Alphabet 학습의 중요성 Alphabet 학습 Alphabet 학습을 위한 준비사항 Alphabet 지도방법

1. Alphabet 학습의 중요성

- Vacca 외 5명(2003)
  - Alphabet을 익힌다는 것은 글자로서의 Alphabet이 다른 모양으로 쓰여져 있더라도 알아낼 수 있는 능력을 갖추게 하는 것임.
  - 시각적으로 문자의 인식(letter identification)과 문자의 식별(letter discrimination)능력을 기르는 것임.

• Adams(1990)
 -Alphabet 공부는 시각적으로 Alphabet을 인식할 수 있고 각각의 이름을 아는 것이며, Alphabet 글자와 그 소리를 안다는 것이며 이 능력은 영어 읽기의 초석이 된다고 함.

• Honig, Diamond, Gotlohn(2000).
 -Alphabet 하나하나를 인식하고 식별해내지 못한다면 정작 읽기의 기본이 되는 phonics를 배울 수 있는 바탕이 없는 셈임.

• Belvins(1998)
 -Alphabet 글자에 대한 지식을 통하지 않고는 아이들은 읽는 것을 배울 수 없다고 주장.

2. Alphabet 학습

• 읽기와 쓰기의 기본.
• 영어를 읽으면서 느끼는 희열과 학습의 의욕 고취.
• 아이와 새로운 세상을 연결해주는 주춧돌 역할.
• 기노시타 가즈요시(2004)
 -우리 아이 영어 잘하는 아이로 키우는 법의 저자.
 -저자의 아이가 Alphabet을 배워야 하는지 모르고 흥미도 없어해서 몇 차례나 가르쳤지만 곧 잊어버림. 일 년 동안 인내심 있게 계속 가르쳤더니 겨우 읽을 수 있게 되었다고 함.
 -Alphabet은 익히기 쉽지 않기 때문에 어떻게 재미있게 아이들이 익힐 수 있느냐가 관건

• 알파벳을 배우기 위한 적기
 -아이들이 영어 글자에 흥미를 갖고 영어 단어나 글자에 대해서 물어보기 시작할 때가 적기임.
 -아이들이 영어 글자에 흥미를 갖고 영어 단어나 글자에 대해서 물어보기 시작할 때를 놓치지 말아야 함.

: 교육에 있어서 자신이 흥미를 갖고 알고 싶을 때 배우는 것만큼 좋은 때는 없음.

3. Alphabet 학습을 위한 준비사항

- 아이들에게 Alphabet을 가르치며 Alphabet 노래를 지속적으로 들을 수 있게 해주어야 함.
  카세트테이프나 CD를 통해서 계속 듣게 하거나, 계속 불러 주어서 흥미를 돋우면서 Alphabet 하나하나의 발음에 익숙해지도록 함.

- 대표적인 Alphabet Song
  - ABC Song: 쉽고 귀에 익숙한 음이라 아이들이 따라 부르기 쉬운 노래.
  - The Alphabet Song
    : 가락이 빠르며, 신나고, 재미있음.
    : 이미 Alphabet 발음에 좀 익숙해 진 아이들이 흥겹게 따라 부를 수 있는 노래.
  - 처음에는 ABC Song을 연습하다가 발음에 익숙해지면 The Alphabet Song으로 넘어감.

- ABC Song
  - ABCDEFG HIJKLMNOP QRS TUV W X Y and Z.
  - (Now I've learned my ABCs. Next time won't you sing with me?)
  - 마지막 부분의 가사는 Now I know my ABC, tell me what you think of me로 부르기도 함

- The Alphabet Song
  - A, B, ABC, ABCDEFG, ABCDEFG and I like English.
  - A, B, ABC, ABCDEFG, HIJKLMNO P Q R S T, Wow.
  - I like English, I like English.
  - ABCDEFG, HIJKLMNO, PQRSTUV, W X Y Z, Yeah.
  - I like English.

4. Alphabet 지도방법

- Alphabet 지도 순서에 대한 Hall & Moats(1999)의 견해.

  - 소문자는 혼동되기 쉽기 때문에 대문자를 먼저 가르치는 것이 좋다.

- Griesy & Yanoshita(1997)의 견해

  Alphabet 소리를 기준으로 나누어 가르치는 방법.
  - 소리가 비슷한 Alphabet끼리 그룹으로 나누어 한그룹씩 배워감.
  - Alphabet의 명칭이 너무 생소하고 전혀 모를 경우에 비슷한 발음인 Alphabet들을 묶어 같이 배우면 확실한 소리의 구분을 느끼며 배울 수 있음.

  Alphabet의 모양을 기준으로 나누어 가르치는 방법.
  - Alphabet을 읽는 것을 배울 때보다 쓰는 것을 배울 때 더 효과적인 방법.

  ABC부터 가르치는 방법
  - 아이들에 따라 ABC노래에 맞추어 알파벳 순서대로 배우는 것이 가장 효과적일 수도 있음.

제2강 | Alphabet & Phonics 학습내용 및 적용방법

학습개요

Alphabet 학습의 지도방향
Alphabet 놀이의 특성
Alphabet 놀이의 종류
Alphabet 놀이방법

1. Alphabet 학습의 지도방향

- 아이들이 흥미를 갖고 배우도록 하고 잘 기억될 수 있어야 함.
- 아이들은 그들에게 개인적으로 관계가 된다든지, 주위에서 많이 볼 수 있다든지 하는 알파벳을 가장 쉽게 식별할 수 있음.
- 주위에 많이 볼 수 있는 친근한 알파벳부터 공부하는 방법 즉 광고, 신문, 잡지, TV 등에서 많이 나오는 글자로부터 시작하는 것이 좋음.

2. Alphabet 놀이의 특성

Alphabet놀이의 교육적 장점

- 놀이를 통해서 쉽고 재미있게 글자를 배울 수 있고 학습의 부담감을 덜 수 있음
- 배운 Alphabet을 기억하는 데에 도움을 줌
- 놀이를 통해서 Alphabet이나 글자들은 배우면 응용력이 생기기 때문에 학습효과를 높임

3 Alphabet 놀이의 종류

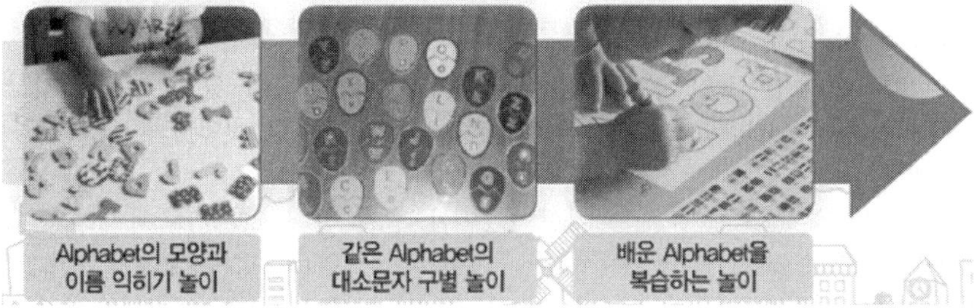

- Alphabet의 모양과 이름 익히기 놀이
  - 아이들에게 Alphabet 하나 하나를 보여주면서 명칭이 무엇인지 계속 들려주려 함.
  - 수동적인 방법으로 시작하는 것이 좋음.
    : 능동적인 방법: Alphabet을 보고 그 이름을 대게 함.
    : 수동적인 방법: Alphabet을 듣고 맞는 Alphabet 모형을 찾음.

- 같은 Alphabet의 대소문자 구별 놀이
  - 대문자를 먼저 배우고 충분히 익혀진 다음에 소문자를 가르침.
  - 대문자와 소문자의 모양이 같은 알파벳, 대문자와 소문자의 모양이 비슷한 알파벳, 대문자와 소문자의 모양이 다른 알파벳의 순서로 가르침
  - 준비물
    : 각각의 카드에 Alphabet이 하나씩 쓰여 있는 것으로 한 세트의 카드에는 대문자가, 다른 한 세트의 카드에는 소문자가 쓰여 있는 두 세트의 카드.

- Alphabet 연습 놀이
  - 배운 Alphabet들이 잘 익혀지고 기억되지 않으면 Alphabet 공부를 일 년을 끌게 되는 수도 많기 때문에 지속적으로 게임이나 연습을 통해 잊혀지지 않도록 해야 함.

– Alphabet Song을 천천히 불러가며 배운 내용을 상기시키며 놀이를 진행하도록 함.

- Alphabet 쓰기 놀이.
  – 영어의 음을 많이 들어서 소리에 대한 식별 능력이 생긴 후에 쓰기를 시작해야 Alphabet 듣기, 읽기와 결합시켜 다양하고 재미있게 지도할 수 있음.
  – 쓰기를 처음으로 배우는 어린이들에게 먼저 인쇄체를 가르쳐야 하는데 그 이유는 획이 크고 단순하며 곡선이 적어 보기 쉽고 따라서 쓰기도 쉽기 때문.
  – 알파벳쓰기를 할 때는 항상 쓰는 알파벳을 어떻게 읽는지 올바르게 발음하면서 쓰도록 해야 하고 선생님의 쓰기 시범을 보일 때 명확하게 써 주어야 함.
  – 알파벳 식별할 때와 마찬가지로 아이들이 어려워하는 부분이 무엇인지에 항상 신경을 써서 그 부분이 확실히 연습되도록 해야 함.

4 Alphabet 놀이 방법

- Alphabet의 모양과 이름 익히기 놀이.
  – 수동적 방법의 지도 단계에서의 놀이
    : 6개의 Alphabet 카드 중에서 부르는 Alphabet 찾기: Alphabet 카드를 테이블(카드가 작을 경우)이나 교실 바닥(카드가 클 경우)에 깔아놓고 선생님이 부르는 Alphabet 찾아내기
    : 컴퓨터 자판에서 Alphabet을 찾아 글자 쳐보기: Alphabet을 불러주면 키보드에서 찾아서 치게 하고, (글자를 크게, 색깔을 넣어서) 프린터로 인쇄해주면 더 재미있어 함.
  – 능동적 방법의 지도 단계에서의 놀이
    : 성냥을 이용한 Alphabet 만들기: Alphabet 쓰기와 이어서 학습될 수 있음.

- 같은 Alphabet의 대소문자 구별 놀이.
  – 대문자와 소문자의 모양이 같은 Alphabet(Cc, Oo, Pp, Ss, Vv, Ww, Xx,

Zz)

: 각 Alphabet의 대문자와 소문자를 나란히 놓으며 같은 Alphabet 이 크기만 다르고 모양은 같다는 것을 알려줌.

: Alphabet 8개의 소문자, 대문자 카드 총합 16개를 보여주며 같은 알파벳끼리 두 개씩 놓아보게 함.

- 대문자와 소문자의 모양이 비슷한 Alphabet(Bb, Ee, Hh, Ii, Jj, Kk, Ll, Mm, Nn, Tt, Uu, Yy)

  : 아이들의 능력에 따라 두 그룹으로 나누어서 하든지 아니면 한꺼번에 다 같이 카드 맞추기를 함.

  : 가장 비슷한 대문자, 소문자를 짝을 맞추라고 함.

- 대문자와 소문자의 모양이 많이 다른 Alphabet(Aa, Dd, Gg, Qq, Rr)

  : Alphabet 다섯 글자의 대문자 카드 다섯 장을 일렬로 놓고 가장 짝을 잘 이룰 것 같은 혹은 가장 비슷하게 생긴 소문자 카드를 그 밑에 놓으라고 함.

  : 틀리게 놓는 것을 중점적으로 짝 맞추기를 함.

- Alphabet 연습 놀이.
  - Alphabet A-Z-1: Alphabet Song을 천천히 불러가며 A부터 Z까지 선을 그어 그림을 완성함.

• Alphabet 연습 놀이.

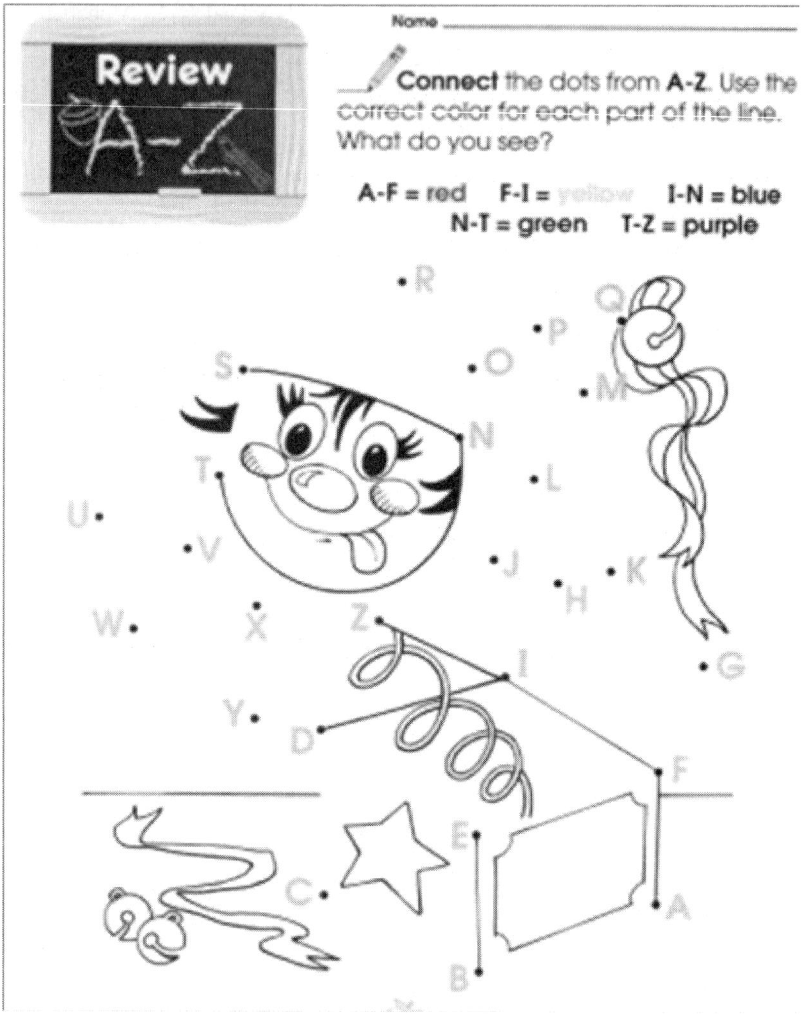

－How to print the letters

: Alphabet을 순서대로 쓰기 시범을 보인 후 아이들에게 허공에 대고 쓰게 함.

: 시범 후에 Alphabet 연습할 수 있는 줄이 그어져 있는 노트에 연습하도록 지도

: 대문자는 위의 두 줄에 꽉 차게 쓰게 지도하고, 소문자는 어느 줄에 맞출 것인가가 조금씩 다르므로 잘 맞추어 쓰도록 지도함.

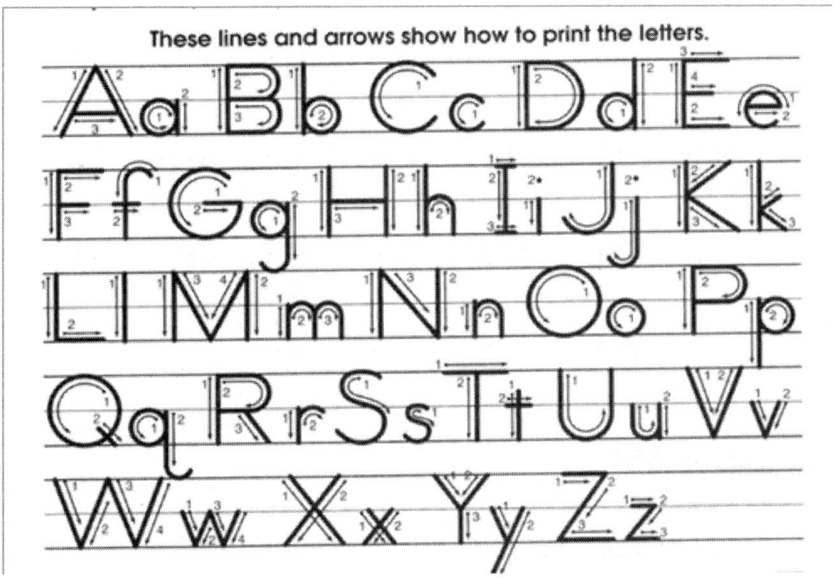

제3강 | Alphabet & Phonics 실제 적용의 예

학습개요

Alphabet & Phonics 익히기
단어 익히기
표현익히기

1. Alphabet & Phonics 익히기

A a	B b	C c	D d	E e	F f	G g
H h	I i	J j	K k	L l	M m	N n
O o	P p	Q q	R r	S s	T t	U u
V v	W w	X x	Y y	Z z		

- Alphabet 만들기

- 기능: Alphabet의 소리, 모양을 익힘
- 준비물: 성냥, Alphabet Card, 털실이나 굵은 실
- 유의사항: 곡선이 있는 Alphabet은 털실이나 굵은 실을 사용하여 만들고, 교사가 성냥의 개수를 조절한다.

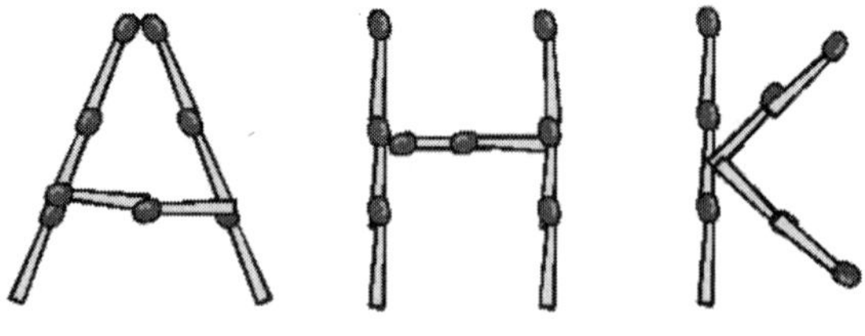

- Phonics 익히기

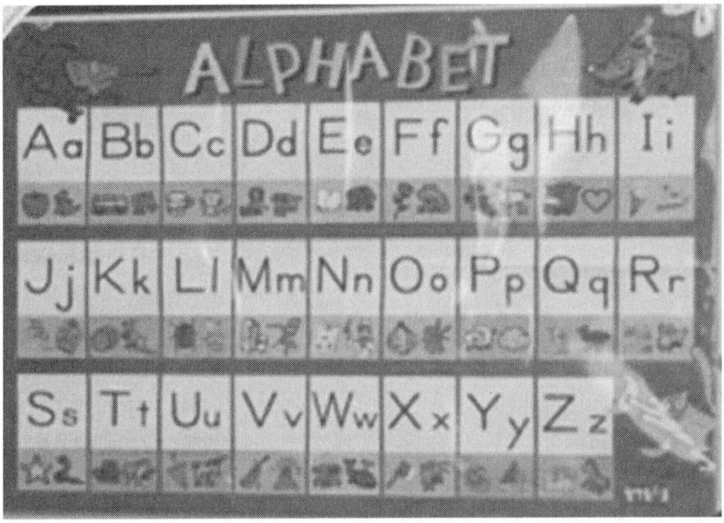

- Phonics 놀이

- 기능: Alphabet의 소리와 단어에서 어떻게 Alphabet 소리가 나는지를 익힘
- 준비물: Alphabet 카드와 그림 카드
- 유의사항: 카드를 뒤집을 때마다 아이들이 해당 카드의 Alphabet과 단어를 말하게 함

- Phonics 익히기 2

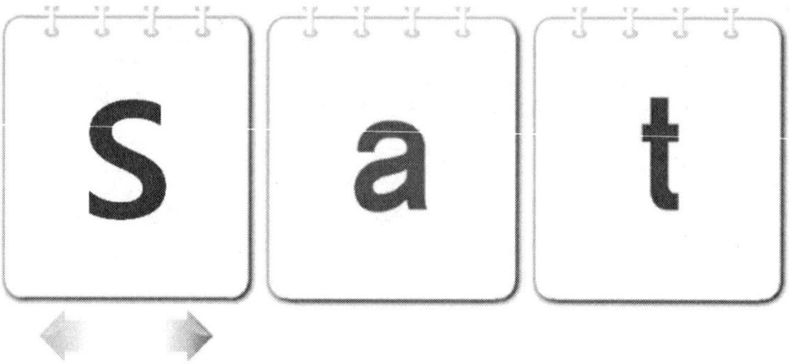

- 기능: Alphabet의 소리와 단어에서 어떻게 Alphabet 소리가 나는지를 익힘
- 유의사항: 카드를 뒤집을 때마다 아이들이 해당 카드의 Alphabet과 단어를 말하게 하고 아이 스스로 단어를 만들어보고 읽게 유도

- Phonics 놀이 2

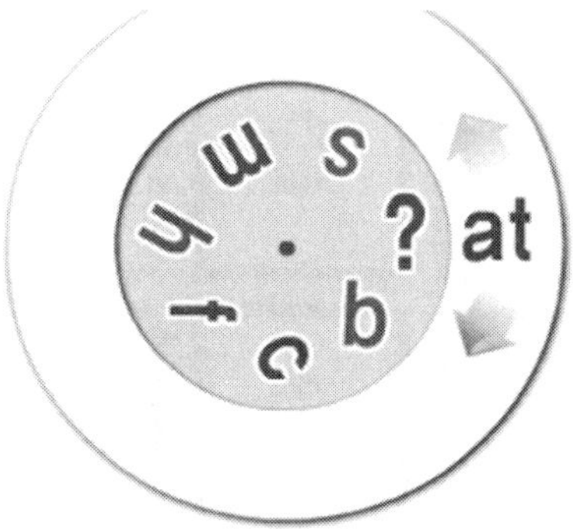

- 기능: Alphabet의 소리와 단어에서 어떻게 Alphabet 소리가 나는지를 익힘
- 유의사항: Spin을 돌릴 때마다 아이들이 해당 카드의 Alphabet과 단어를 말하게 하고 아이 스스로 단어를 만들어보고 읽게 유도

2. 단어 익히기

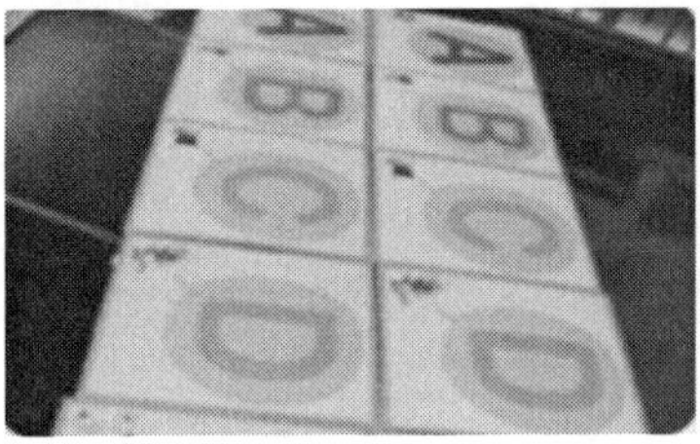

Alphabet **에서 사용한 단어나 수업시간에 학습해야 할 단어들로 낱말카드를 만들어 지도**

활용방법

① 단어에 해당하는 그림이 그려진 낱말카드를 보여주면서 단어를 한번씩 읽어준다.
② 단어를 읽어주고 단어에 맞는 낱말카드를 찾도록 한다.
② 낱말카드 그림에 아이들이 색칠을 하면서 단어를 익히도록 한다.

- Phonics 카드

- Phonics 카드 2

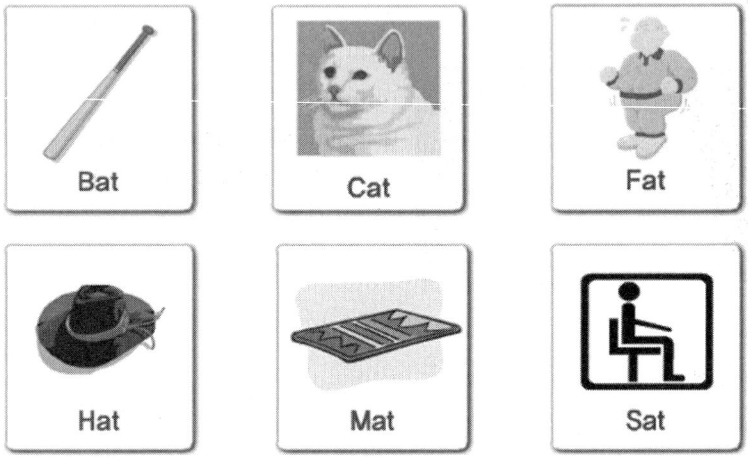

3. 표현 익히기

***Alphabet 놀이*에서 학습한 단어들을**
이용해 실제 문장을 만들어
문장 구조를 익히게 하는 활동

활용방법

① Alphabet 놀이에서 학습한 문장을 단어 별로 나누어 카드를 만듭니다.
② 카드를 순서대로 놓고 한 곳을 비워둡니다.
③ 문장을 읽어주고 빈 칸에 해당하는 단어 카드를 놓도록 합니다.
④ 답을 맞추면 문장의 의미를 알려주고 문장을 따라 하도록 합니다.

• 표현 익히기 1

What ___ is it?
___ an ___.

Is ___ a ___?
Yes, ___ ___.

___ ___ a C?
___, it ___.

It's | letter | A

it | it | is | B

No | it | isn't | Is

• 표현 익히기 2

What ___ is it?
___ a C.

Cat ___ ___ the letter ___?

What's ___ a C?
C is for ___.

It's | letter

C | starts | with

for | cat

Quiz

Q1. 알파벳 놀이의 중요성과 놀이방법 중 하나를 설명하세요.
파닉스 지도의 중요성과 지도방법 중 하나를 설명하세요
영어알파벳을 익힌다는 의미에 해당되지 않는 것은 무엇입니까?
① 영어로 읽고 쓰기의 초석을 쌓는 일이다.
② 알파벳 각각의 이름을 알 수 있게 한다.
③ 알파벳 노래를 잘 부를 수 있게 한다.
④ 알파벳 글자와 그 소리를 알 수 있게 한다.

Q2. Hall과 Moats (1999)가 말한 알파벳을 가르치는 순서가 차례대로 맞게 이루어진 것은 다음 중 어느 것입니까?
① 알파벳 이름-글자 모양-글자가 내는 소리
② 글자 모양- 알파벳 이름-글자가 내는 소리
③ 글자가 내는 소리-글자 모양- 알파벳 이름
④ 글자 모양-글자가 내는 소리-알파벳 이름

Q3. Griesy와 Yanoshita (1997)는 알파벳을 연습하는 순서를 세 가지로 나누어 설명하는데 그 세 가지 중의 하나가 아닌 것은 어떤 것입니까?
① 소리를 기준으로 비슷한 알파벳끼리 그룹으로 나누어 놓은 것에 따라서
② 알파벳 처음부터, 즉 ABC부터 배우기 시작하는 것
③ 알파벳의 모양을 기준으로 하여 비슷한 것끼리 묶어 놓은 것에 따라서
④ 알파벳의 배우기 어려운 순서에 따라서

Lesson 12 멀티미디어

아동들이 좋아하는 문자, 그래픽, 그림, 동영상을 이용하여 언어를 제시하게 되면 아동들은 멀티미디어를 사용한다는 그 자체의 흥미와 새롭고 생동감 있는 화면에 적극적인 학습 자세를 취하게 된다. 적절한 영어학습용 프로그램을 이용하여 개별학습, 단계학습이 가능하고 취약한 부분에 대한 보충 및 심화 학습도 가능하다. 멀티미디어 사용방법, 그리고 학습 자료에 접근하는 방법, 새로운 학습 자료를 만들어 보는 방법 등을 통하여 재미있고 흥미로운 영어지도를 유도할 수 있다.

제1강 | 멀티미디어의 학습효과

학습개요

1. 멀티미디어의 정의
2. 멀티미디어 활용의 범주
3. 멀티미디어 활용의 필요성
4. 멀티미디어 활용의 효과
5. 멀티미디어 활용의 문제점
6. 교사들의 준비
7. 교사들의 새로운 역할
8. 멀티미디어 활용방법

1. 멀티미디어의 정의

- 문자, 그래픽, 소리, 애니메이션, 동화상 등의 여러 매체를 하나의 컴퓨터 환경에 통합시킨 것을 의미함.
- 기존의 비디오나 영화도 매체를 통합하여 다양한 정보를 전달하고 있음.
- 멀티미디어 활용이 주목되고 구별되는 이유

- 다양한 매체를 통한 정보들이 컴퓨터의 조정 하에 제시됨.
- 정해진 순서에 상관없이 정보에 접근하고 사용할 수 있다는 점.
- '여러 매체를 컴퓨터로 조정함으로써 학생들이 수동적으로 미리 정해진 순서대로 제시되는 자료를 시청하는 것이 아니라 다양한 방법으로 미디어와 상호작용을 할 수 있음.
- 학생들은 컴퓨터를 이용하여 미디어 여러 요소들을 결합하여 멀티미디어 프로젝트를 제작하는 단계로 발전해 나갈 수 있음.

• 하이퍼텍스트(Hypertext)
- 다면체적인 텍스트.
- 하나의 문서에서 다른 문서로, 혹은 같은 문서의 한 부분에서 다른 부분으로 쉽고 빠르게 이동하는 것을 의미함.

• 하이퍼미디어(Hypermedia)
- 하이퍼텍스트의 개념을 멀티미디어에 확대 적용한 것이다.
- 전자 하이퍼 시스템을 통하여 학생들은 자신들이 학습하고 있는 내용과 연관된 문자 자료에 직접 접근할 수 있을 뿐만 아니라, 소리, 그래픽, 애니메이션, 동화상으로 구성되어 있는 연관 미디어 자료에 접근 할 수 있음.

• 멀티미디어와 하이퍼미디어 이용의 특성
- 학생에게 다면체의 자료를 제공하고 상호작용을 가능하게 한다는 점.
- 학습자가 제시되는 자료의 순서에 상관없이 즉각적으로 다른 미디어 자료로 이동이 가능하다는 점.

2. 멀티미디어 활용의 범주

• CALL(Computer-Aided Language Learning)
- 언어학습에 도움을 주는 컴퓨터에 초점이 주어짐.

• TELL(Technology-Enhanced Language Learning)
- 고성능의 컴퓨터, 통신 기술, 멀티미디어가 통합된 고도의 기술을 이용한 언어학습에 초점이 주어짐.
- 컴퓨터가 오디도, 비디오, 웹 등과 같은 기술의 발전을 도모함.
- 컴퓨터에 의해 촉진되는 커뮤니케이션에 초점이 주어짐.

• 멀티미디어의 사용
- 고성능 멀티미디어 컴퓨터와 초고속 통신 기술의 컴퓨터 네트워크를 이

용하여 문자, 음향, 정지화상, 비디오를 통합하여 이용하는 것.
－CD-ROM과 인터넷에 제공되고 있음.

3. 멀티미디어 활용의 필요성

- 교수-학습 활동은 반드시 인간 중심으로 한 활동이어야 함.
- 컴퓨터를 이용한 새로운 매체에 친숙한 어린이들에게 멀티미디어의 활용은 필수적임.
- 흥미를 진작시키고 학습효과를 증진시킴.
- 정보화 시대에 필요한 컴퓨터 활용 능력을 향상시킴.
- 학습자의 학습 진전을 교사가 모니터 할 수 있음.
- 학습자가 학습의 주체가 되며 능동적으로 학습과정에 참여할 수 있음.
- 다양한 학습 환경과 통합교과적인 과제를 제공해 줄 수 있음.

4. 멀티미디어 활용의 효과

- 다양한 매체의 결합으로 이루어진 멀티미디어를 아동영어교육에 활용하면 기존의 개별 혹은 부분적으로 통합된 매체를 활용할 때 보다 '학습 내용 전달의 효과 증대'를 가져올 수 있음-주의력, 이해도, 집중력 증가.
- 아동의 흥미를 증진시킬 뿐만 아니라 능동적이고 적극적인 참여를 극대화 할 수 있음.
- 다양한 학습 방법을 가능케 하며, 학습자에게 자극과 동기를 부여함.
- 많은 상호 작용이 가능한 학습체제로 변화시킬 수 있음.
- 교육 자료를 데이터베이스로 정리하여 자료의 체계적인 관리와 활용이 용이해 짐으로서 자료의 공유가 수월해짐.
- 아동능력에 따른 개별화 교육이 가능해지고 반복학습이 지루하지 않게 이루어짐.
- 오락적인 면을 활용하여 즐겁게 보고 작동하는 중에 학습내용을 간접적으로 배우게 됨.

5. 멀티미디어 활용의 문제점

- 학교 멀티미디어 시설의 부족
  －교실에 1대의 멀티미디어급 컴퓨터, 프로젝션 텔레비전, 비디오, 오디오,

실물화상기 등이 설치되고 있음.
- 학생들이 개인별로 혹은 소그룹별로 직접 작동할 수 있도록 컴퓨터 시설이 확충되어야 함.

- 교사의 멀티미디어 활용 능력과 태도 미흡
  - 컴퓨터 조작 능력뿐만 아니라 컴퓨터를 이용한 교육의 이론에 대한 이해를 증진시켜야 함.
- 초등영어 수업에 활용 용이한 자료 개발 부족
  - CD-ROM 타이틀과 인터넷상의 자료.-개별 학습용
  - 정규 영어교과시간의 내용을 보충 학습시키는 자료의 개발이 필요함.
- 학생들의 비인간화 및 이기심 조장 우려
  - 짝활동, 그룹 활동을 통해서 서로 대화하고 협력할 수 있는 기회를 제공해 주어야 함.
- 멀티미디어에 대한 과신 및 과용

6. 교사들의 준비

- 발달된 멀티미디어 기술을 교수-학습 활동에 활용할 임무.
- 언어학습과정을 이해하고, 학습자를 이해하고, 효과적인 교수법을 알고 있는 교사를 대신하거나 교사의 역할을 경미하게 하지는 못함.
- 멀티미디어 활용에 대한 정확한 이해, 새로운 방법을 배우고 시도하고자 하는 노력이 필요한 때임.
- 새로운 멀티미디어 기술을 영어교육에 어떻게 활용할 가에 대한 노력과 단계적인 준비가 절실히 요구됨.

7. 교사들의 새로운 역할

- 일방적으로 학습내용을 전달하는 지식의 전달자로부터 학습 내용을 재미있게 전달하고 학습활동을 즐겁게 이끌어 주는 역할을 하여야 함-edutainer(재미있게 가르치는 교육자).
- 방대한 학습 자료를 탐색하여 가장 적절한 자료를 선택 제공하여 학습 과정을 즐겁고 효율적으로 만들고 결과적으로 학습 목표를 성공적으로 달성하여야 함 -resource person(학습자료제공자).

- 상이한 능력을 가진 학생들의 학습을 촉진시키고, 각자에게 적절한 학습 자료를 제공해 주고 도와주어야 함-facilitator and helper(촉진자 및 조력자).

8 멀티미디어 활용방법

- 학습내용을 제시하는 방법(multimedial presentation).
  - 멀티미디어 기능을 활용함으로서 학생들을 학습과정과 활동에 집중케 하고 적극적으로 참여시키는 중요한 역할을 함.
  - 학습자는 제시되는 자료의 생동감과 박진감에 흥미를 갖게 되고, 제시되는 내용의 흐름과 과제에 전적으로 주의를 집중할 수 있음.
- 멀티미디어 인터페이스(multimedial interface).
  - 학습자와 시스템간의 풍부하고 자연스러운 커뮤니케이션을 가능하게 해줌.
  - 인터넷상의 모든 멀티미디어 자료를 라디오나 텔레비전처럼 수동적으로 시청만 하는 것이 아니라 상호작용을 통해서 학습자의 조정에 따라 다양한 정보를 제공 받을 수 있음.
  - 컴퓨터 통신의 전자우편, 화상, 음성을 통해서 의사소통을 할 수 있음.

제2강 | 멀티미디어 활용의 실제 1

학습개요

1. CD-ROM 타이틀의 활용
2. 멀티미디어 CD-ROM 타이틀의 특성
3. 아동영어 관련 CD-ROM의 내용
4. 실제 활용 방법-Q Step
5. 전체 수업 진행의 예
6. 활용상의 유의점
7. 아동영어 CD-ROM 타이틀의 선택 시 고려사항

1. CD-ROM 타이틀의 활용

- 정보를 전달하는 매체로 책을 완전히 대체하지는 못하지만, 책이 제공하지 못하는 많은 부분을 보완하는 역할.

- 교과서의 학습 목표와 일치하는 타이틀을 선정하여, 해당 학습 목표와 직접 관련이 있는 부분만을 10분 정도 집중적으로 학습시키고, 다시 본래의 수업 활동으로 돌아가는 것이 바람직함.
- 교사가 프로그램을 조정하면서 학생들은 스크린에 제시되는 내용을 보고 스피커를 통해서 들려오는 내용을 들으면서 지시되는 대로 행동하거나 반응을 보이는 수준에 머무를 것이다.
- 아동의 집중력의 지속시간과 흥미를 고려한다면 타이틀을 활용하는 시간과 방법에 대한 교사의 세심한 배려와 준비가 필요함.

2. 멀티미디어 CD-ROM 타이틀의 특성

- 정확한 원어민 화자의 음성을 들을 수 있음.
- 학습자의 이해를 촉진하고 흥미를 증진시켜주는 그림, 동영상을 지원함.
- 학습자가 원하는 부분을 쉽게 찾을 수 있고, 학습자가 원하는 대로 자유로이 이동할 수 있음.
- 언어학습에서 반드시 필요한 반복 학습이 용이하며 다양한 활동과 게임을 통하여 지루하지 않도록 함.
- 학습자가 컴퓨터와 상호작용의 경험을 할 수 있음.
- 학습자의 능력에 따라 학습의 수준과 진도를 조절할 수 있음.
- EFL 상황에서 학습자에게 다양한 매체, 즉 문자, 소리, 동영상 등으로 제공해주는 멀티미디어 자료는 실제 의사소통상황과 유사하고 풍부한 학습상황을 제공할 수 있음.
- 교육과 오락을 접목시켜 흥미롭고 도전적이며 감각적인 오락의 형식 안에 교육내용을 담아 학습자에게 제공하고 있는 교육적 게임을 통하여 은연중에 학습이 이루어지게 함.
- 음성 인식 기술의 발달로 학습자의 발음을 녹음하여, 원어민 화자의 발음과 비교하여 발음을 향상시킬 수 있음.

3. 아동영어 관련 CD-ROM의 내용

- 열려라 영어 1 & 2 (두산동아)

- 대상: 초등학교 3학년
- 내용: 초등학교 3학년 수준의 생활 회화 100문장과 교육부 지정 200단어가 수록되어 있음.
- 특징
  - ▸기발한 애니메이션과 사운드로 학습자의 학습 동기를 유발하여 집중력을 높임.
  - ▸학습자가 내용을 자유롭게 선택할 수 있으며, 구성이 단계적이고 체계적이어서 높은 학습 효과를 얻을 수 있음.
  - ▸학습자의 발음을 녹음하여 다시 들어보는 피드백 기능을 제공함.
  - ▸첸트, 노래를 따라 하면서 부담 없이 학습 내용을 복습함.

• Q Step(Edusoft)
- 대상: 영어를 처음 접하는 5-12세의 어린이.
- 내용: 8개의 단원(Numbers, Colors, Family, The Body, School, Food, Feeling)으로 구성되어 있으며 주로 주제와 관련된 어휘와 문장을 익히도록 되어 있음.
- 특징
  - ▸펭귄 '위니'가 친근하고 재미있게 학습할 어휘를 소개함.
  - ▸어린이들이 좋아하는 게임과 노래 등 풍부하고 다양한 학습 활동으로 반복학습을 자연스럽게 하도록 함.
  - ▸각 단원에는 앞 단원에서 배웠던 단어와 문장들이 계속적으로 응용되어 나오기 때문에 자연스럽게 복습할 수 있도록 구성되어 있음.
  - ▸듣기와 말하기 학습에 중점을 두어 제작된 프로그램임.

4. 실제 활용 방법-Q Step

• 단계별 활용의 예
- 학습 내용 제시
  - ▸학생들의 주의와 흥미를 끌기 위해 대형화면(모니터)에는 수업시작과 함께 영상을 보내고 음향도 작동시킴.
  - ▸학생들로 하여금 학습할 상황(주제)을 이해하고 구체적인 학습 내용을 파악하도록 함.
  - ▸펭귄 '위니'가 학습할 내용을 어휘를 중심으로 재미있고 친근감 있게 제시함.
  - ▸어휘의 제시 후에 교사가 마우스를 움직이면서 다시 한 번 학생들이 듣고 반복 연습시

킬 수 있음.

▸학습할 내용을 그룹별로 다시 한 번 듣고 따라서 말하도록 함.

▸고학년의 경우 철자가 필요한 경우에는 철자도 제시해 줄 수 있음.

- 연습을 통한 학습 활동
  - 학습 목표에 따른 내용을 제시한 후에 연습단계에서 교사가 준비하거나 교과서에 제시된 연습 활동을 함.
  - 연습을 통하여 학습한 내용이 자연스럽게 습득의 단계로 발전되도록 타이틀에서 제시하는 여러 활동 중에서 학생들의 흥미와 수준 그리고 시간을 고려하여 선별적으로 활용함.
  - 숫자에 관한 1과: 금고의 비밀번호 듣고 열기, 숫자 듣고 숫자 깃발 맞추기, 숫자 빙고 및 숫자 말하기, 전화번호 듣고 전화 걸기, 개에게 뼈 세어주기.
  - 설치된 컴퓨터의 개수에 따라 적합한 활동을 선택하여야 함.
- 질문을 통한 학습 내용 강화
  - 어미 새가 질문하면 마우스로 아기 새를 클릭하여 답하도록 되어 있음.
  - 상황에 따라 학습자가 직접 음성으로 대답한 후 정답과 확인할 수 있음.
  - 교사는 전체 학생이 함께 대답하도록 할 수도 있고, 도한 소그룹 별로 대답을 준비하도록 하여 서로 경쟁을 통하여 학습효과를 높일 수 있음.
- 게임을 통한 형성 평가
  - 음식물에 대한 학습 후에 학습자들의 학습 성과를 평가하기 위하여 미로 게임을 이용함.
  - 미로에서 배고픈 사람이 장애물을 만날 때마다 음식물에 관한 단어를 말하면 학습자는 마우스로 음식물 그림 중에서 고르도록 되어 있음.
  - 학습자들이 바로 답을 맞히기 전에 교사가 “What did he say?”라고 질문함으로써 다시 한 번 정확히 이해하고 있는가를 확인할 수 있음.
  - 게임 과정에서 자연스럽게 단복수 개념을 익히도록 고안되어 있음.

5. 전체 수업 진행의 예

- 학습 목표: 신체 부분 명칭 익히기

- 준비물: 컴퓨터, CD-ROM 타이틀(열려라 영어 1, 10과), 종이, 연필
- 진행
  - 수업시작 할 때 화면과 음악을 통해 주의를 집중시킴.
  - 사전 활동으로 How many eyes? 질문에 I have two eyes.로 대답하게 함.
  - 2-3명의 학생이 컴퓨터를 함께 사용하는 것이 이상적이지만 1대의 컴퓨터와 프로젝션 텔레비전이 있는 경우에는 교사가 'Look and Listen'을 통해서 등장인물들의 말과 행동을 잘 듣고 보도록 함.
  - 교사가 등장인물을 마우스로 클릭하면서 학생들로 하여금 듣도록 하면서 정확하게 이해하는지를 질문을 통해서 확인함.
  - 신체부분의 명칭을 이용한 노래를 듣고 연습하면서 명칭을 익히도록 함. 익힌 후에는 율동을 통하여 움직이면서 노래를 같이 하도록 함.
  - 제시된 게임을 통하여 학생들의 이해를 점검하면서 다시 한 번 연습하도록 함.
  - 학생들로 하여금 우리와 다른 모습을 한 외계인을 각자 그리게 한 다음 짝을 이루어 서로에게 신체 명칭을 사용하여 질문을 하도록 함.
- How many noses? (I have) two noses.
  - 학생들이 방과 후에 멀티미디어실(컴퓨터실, 어학실)에서 개별적으로 조를 이루어 학습한 과를 직접 조작하면서 자율 학습하도록 권장함.

6. 활용상의 유의점

- 무분별하게 제작되어 정선되지 않은 상업용 교재들이 범람하고 있기 때문에 신중한 자료의 선택과 검증이 필요함.
- 집중력이 짧은 어린이들에게는 다양한 교수 매체 및 도구를 활용하고 여러 가지 교수 방법으로 수업 진행의 변화를 시도하여야 함.
- 수업에 활용하기 위해서는 반드시 교사가 필요한 부분을 선택하여 효과적이고 적절한 활용 방법을 통해서 이용하여야 함.

7. 아동영어 CD-ROM 타이틀의 선택 시 고려사항

- 초등학교 학습자의 특성을 고려하였는가?
- 적극적인 학습을 하도록 하는가?
- 학습 자료를 이해하기 쉬운가?
- 학습 자료와 도구를 이용하기 쉬운가?
- 학습자가 학습 과정을 조정할 수 있는가?
- 학습자에게 학습 과정을 조정할 수 있는가?
- 학습자에게 자신감을 심어 주는가?
- 반복해서 학습 성취를 평가하고 있는가?
- 표준 발음으로 제작되었는가?
- 작동 지시 언어가 학습 언어보다 어렵지 않는가?

제3강 | 멀티미디어 활용의 실제 2

학습개요

1. 인터넷의 특성
2. 실제 활용 방법
3. 인터넷 활용의 유의점
4. 인터넷의 자료
5. 멀티미디어 자료 제작 및 활용
6. 자료 제작
7. 실제 활용방법
8. 유의점

1-2. 인터넷의 특성

- 인터넷
  - 컴퓨터 네트워크의 전 세계적인 네트워크임.
  - 컴퓨터 기술, 디지털 혁명으로 통하는 통신기술과 미디어의 결합으로 인터넷은 최고의 멀티미디어 자료를 제공함.
- 디지털 혁명은 인쇄혁명 이상으로 문명의 큰 변화를 가져오고 있음.

- 현재의 디지털 혁명에 익숙해질 수 있는 유일한 방법은 스스로 참여하여 사용해 보는 것이다.
- 인터넷을 이용하는 것이다.

1-2. 인터넷의 특징

- 인터넷은 시간과 장소를 구애 받지 않음.
- 어린이들에게 흥미와 자신감을 높여줄 수 있는 최상의 멀티미디어 자료임.
- 살아있는 사회-문화적 상황 속에서 실제성(authenticity)있는 영어를 사용할 수 있는 기회를 제공함.
- 듣기와 읽기뿐만 아니라 쓰기와 말하기를 통하여 의사소통을 할 수 있게 함으로써 영어의 네 사지 기능을 고르게 발달시킴.
- 학습의 장을 전 세계로 확대하여 실 세계의 경험과 정보에 접할 수 있는 기회를 제공함.
- 학생들에게 호기심 있고 흥미 있는 컴퓨터와 통신 매체를 사용함으로써 중요한 동기를 유발시킬 분만 아니라 학습 내용도 제공함.
- 일단 인터넷의 사용에 익숙해지면 자신의 영어실력을 증진시키고 확인할 수 있는 싸이트를 찾아 스스로 공부할 수 있는 기회와 환경을 제공해 줌.
- 웹의 가장 혁신적이고 중요한 점은 바로 하이퍼미디어 형태로 자료 및 정보가 제공된다는 점. 관련 정보로의 이동이 용이함.
- 탐색을 통하여 관련 자료와 정보를 전 세계로부터 탐색할 수 있음.
- 학생들 자신이 학습을 하고 있다는 점을 인식하지 않고 있는 동안에 다양한 형태의 학습에 몰두하게 됨.

2. 실제 활용 방법

- 학습 목표에 관련된 영어 교육 정보, 자료, 도구를 검색 엔진을 이용하여 찾아 자신의 컴퓨터에 저장한 후 수업시간에 활용함.
- 아동영어와 관련된 싸이트들을 검색하여 각 싸이트에 대한 간략한 설명과 이용 방법을 제시하는 홈페이지를 작성하여 어린이들이 자율학습에 활용하도록 함.

- 교사가 직접 제작한 멀티미디어 자료를 인터넷 상에 올려놓아 다른 영어교사들과 자료를 공유하고, 어린이들에게는 자율 학습의 자료로 이용하도록 함.
- 전자우편을 이용하여 교내에서 학생과 교사, 학생과 학생 간에 의사소통 수단으로 이용하고, 나아가서 국내외의 어린이들과 영어로 직접 편지를 교환하도록 함.
- 명절이나 기념일에 서로에게 전자 카드를 간단한 영어로 보내도록 함.
- 학생들에게 인터넷을 이용하여 멀티미디어형 프로젝트를 수행하도록 과제를 부과하여 적극적이고 창의적으로 멀티미디어를 활용하도록 함.
- 인터넷 폰을 이용하여 외국의 어린이들과 대화를 하도록 하여 학습한 영어를 실제 의사소통의 수단으로 이용할 기회를 제공함.

3. 인터넷 활용의 유의점

- 교사의 기술적인 이해 증진이 필요함.
- 학생들에 대한 기술적 교육 및 지원이 필요함.
- 실시간 접속의 속도 및 상태가 불확실함.
- 아동에게 적합하지 못한 싸이트에 접속하지 못하도록 지도함.
- 인터넷을 탐색할 경우에는 분명한 목적을 가지고 시간을 정하여 사용하도록 함.
- 인터넷의 어느 곳에서 초등영어교육을 위하여 최상의 아이디어와 자료를 얻을 수 있을까를 항상 염두에 두고, 인터넷 탐색시 북마크 기능을 이용하여 간단한 설명을 첨가하여 정리하도록 함.
- 웹의 내용과 기술을 보충교재 및 실제 교수-학습 활동에 활용할 방법에 대한 교사의 연구와 노력이 필요함.

4. 인터넷의 자료

- 영어교육 관련 전자토론장(mailing list)
  - TESL-L: ESL/E리 영어교사를 위한 전자토론장 및 교사에게 유용한 자료의 보관소(archives)
    - ▸가입신청: LISTSERVE@CUNYVM.CUNY.EDU로 다음의 메시지 발송. SUB TESL-L Full Name
    - ▸자료 받기: 상기 주소에 아래 형식의 메시지 발송. INDEX TESL-L f=mail

- NETEACH-L: 인터넷을 영어교수-학습의 도구 및 자료로 활용하는 데 관련된 문제를 논의하는 전자토론장 및 방대한 관련 자료 제공.
  - ▸가입 신청: listserve@thecity.sfsu.edu로 다음의 메시지 발송. Subscribe NETEACH-L First Name Last Name
  - ▸자료 받기: 상기 주소에 아래 형식으로 메시지 발송.
    get listproc/netgeach-l FILENAME/fun

• 영어교육 싸이트 및 탐색 도구
- TESL/TE리/TESOL/ESL/EFL/ESOL Links
  - ▸영어교사를 위한 영어교육 관련 싸이트 1,900개 이상을 분야별로 정리해서 제공.
    Http://www.aitech.ac.jp/~iteslj/ESF3.html
- ESL/EFL search Engine
  - ▸영어교육 관련 전용 탐색기
    http://www.aitech.ac.jp/~Links/search.html

• 에듀넷(edunet): 아동영어 교육 관련 자료 제공
- Http://edunet.nm.kr/html/elementary/engtit.htm
- 교사를 위한 영어과 교수-학습법 자료 제공.
- 교사 및 학생을 위한 실제적인 싸이트 정리.
- 초등 영어 소프트웨어 내용 및 특성 설명.
- 초등학생을 위한 영어 공부방 운영.
- 물어보세요 코너 운영.

• 영어 교육관련 실용적인 학술지
- The Internet TESL Journalhttp://www.aitech.ac.jp/~iteslj/:
- 일본에서 인터넷 상을 통하여 발간되는 월간 영어교육 학술지임.
- 실제로 현장에서 활용할 수 있는 많은 교수기법과 자료 등이 실려 있음.

5. 멀티미디어 자료 제작 및 활용

• 멀티미디어로 교사가 제작한 자료의 특성
- 스크린에 제시된 내용은 동적임.
- 제시된 내용을 즉각적으로 수정 및 보완할 수 있음. 즉 같은 자료를 다른

학습내용에 이용할 경우 쉽게 고칠 수 있음.
- 학습자의 의견에 즉각적으로 반응을 보일 수 있음.
- 학습자가 원하는 추가 정보를 즉각적으로 제공해주고, 관련 정보에 쉽게 이동할 수 있음.
- 다양한 멀티미디어 효과(그래픽, 소리, 정지화상, 동영상 등)를 통합적으로 제공할 수 있음.

6. 자료 제작

- 가르칠 내용을 멀티미디어 기법으로 제작하여 수업시간에 이용하면 학생들의 수업에 대한 흥미와 만족도를 높일 수 있음.
- 파워포인트
  - 아동의 흥미를 증진시키고 수업 효과를 높일 수 있음.
  - 발표, 소개, 보고 등에서 효과적으로 정보를 전달하는데 주로 이용된 파워포인트를 초등 영어 교육에 이용하면 어린이들의 주의를 집중시키고, 흥미를 유발하고, 나아가서 학습 효과를 높일 수 있음.
  - 시간과 노력을 투자하여 제작한 자료는 학교 홈페이지의 영어 교수-학습 코너에 자료를 저장하여 어린이들이 자유로이 접근하여 이용하도록 함.
  - 다른 고사들과 자료를 서로 공유함으로서 제작 시간과 노력을 줄일 수 있고 다양한 자료를 이용할 수 있음.
- 웹 저작도구(홈페이지 저작 도구)
  - 홈페이지 저작 도구를 사용하여 교사가 자료를 제작하면 다양한 멀티미디어 기능을 통합하여 제작할 수 있음.
  - 인터넷 상에 올려놓으면 우선 사용하기 편리하고 다른 교사들과 자료공유가 용이함.
  - 웹은 다른 저작도구에 비해 자료를 제작하기 쉽고, 멀티미디어 기능을 제공하고, 상호작용을 가능케 하기 때문에 교사가 활용하기에 적합한 도구임.

7. 실제 활용 방법

- 본시 학습 목표 제시.
  - 학생들의 주의를 집중시키고 흥미를 불러일으킬 수 있음.
- 학습상황제시.
  - 스캐너를 통해 그림이나 사진을 보여주거나, 동화상을 통해 학습할 상황을 제시하면 학생들의 주의를 집중시키고 흥미를 불러일으킬 수 있음
- 단어 학습 및 게임.
  - 생동감 있는 그림이나 사진을 통하여 단어 학습에 이용할 수 있음.
  - 학습 후에는 멀티미디어 기능으로 제작된 게임 자료를 가지고 짝, 집단 간의 활동을 할 수 있음.
- 동영상 자료 제공
- 자율 학습에 이용
  - 교사가 수업에 활용하기 위하여 제작한 자료를 서버에 올려놓아 학생들의 자율 학습에 이용하도록 함.
  - 자료 제작 시 학생들이 쉽게 자료에 접근하고 이용할 수 있도록 세심한 계획을 세워야 함.

8. 유의점

- 제시하는 내용을 너무 복잡하게 만들지 않는다. 프로그램의 다양한 기능을 한 화면에 지나치게 많이 사용하면 전달하고자 하는 내용이 불분명해진다.
- 다른 매체와 마찬가지로 사용할 때만 스크린을 켜놓고, 사용하지 않을 경우에는 어린이들이 수업 활동에 집중하도록 스크린을 끈다.
- 짧은 집중 시간과 계속 활동하고자 하는 아동의 특성을 감안하여 멀티미디어로 제작된 자료를 과다하게 활용하지 않도록 철저한 계획과 준비가 필요하다.
- 특별히 한국의 초등학생을 위한 싸이트와 한국 초등학생의 영어 학습을 위한 싸이트 들이 아직 절대 부족하므로 교사의 세심한 탐색과 노력이 필요함.

Quiz

Q1. 멀티미디어란 무엇인가?

Q2. 하이퍼 미디어란 무엇인가?

Q3. CALL은 무엇인가?

Q4. TELL의 설명에 해당하지 않는 것은?()

① Technology-Enhanced Language Learning

② 고성능의 컴퓨터, 통신 기술, 멀티미디어가 통합된 고도의 기술을 이용한 언어학습에 초점이 주어짐.

③ 컴퓨터가 오디오, 비디오, 웹 등과 같은 기술의 분리된 형태로 제시하는 학습.

④ 컴퓨터에 의해 촉진되는 커뮤니케이션에 초점이 주어짐.

Q5. 인터넷의 특징과 관계없는 것은?()

① 시간과 장소의 구애를 받지 않음.

② 흥미와 자신감을 높여줄 수 있는 최상의 멀티미디어 자료.

③ 사회-문화적 상황 속에서 실제성 있는 영어를 사용할 수 있는 기회를 제공.

④ 듣기, 읽기, 말하기, 쓰기의 네 가지 기능을 골고루 발달시켜 주지만 의사소통능력을 향상시켜 주지 않음.

Q6. 멀티미디어 활용의 문제점은 무엇인가?

Lesson 13 | 자녀 지도 시 필요한 영어표현

가정에서 자녀 지도 시 사용하는 적절한 영어표현을 정리하여 부모님들로 하여금 정확한 영어를 사용할 수 있도록 돕고자 한다. 가정 내에서의 상황별로 가능한 대화문들을 제시하여 자녀와 함께 자연스럽게 영어사용을 할 수 있도록 유도하고자 한다. 기본적인 상황별 대화문을 숙지한다면 좀 더 확장되고 다른 상황에서도 적절한 대화를 할 수 있게 하는 능력을 아울러 신장시킬 수 있다. 항상 영어로 생각하고 실제적인 영어표현에 주의를 기울인다면 부모님들도 훌륭한 영어교사가 될 수 있다고 생각한다.

제1강 | 가정에서의 상황별 영어표현

학습개요

1. 식사에 관한 표현
2. 자기 전에 하는 표현
3. 모양새에 관한 표현
4. 배변에 관한 표현
5. 놀이에 관한 표현
6. 병/상처에 관한 표현
7. 상황에 따라 쓰는 표현

1. 식사에 관한 표현

영어표현	의미
Wash your hands before you eat.	밥 먹기 전에는 손을 씻어라.
Try this one.	이것 좀 먹어 보렴(좀 해보렴)
Finish your meal.	남기지 말고 먹어라.
Don't be choosy.	가리지 말고 먹어야지.

영어표현	의미
Use you chopsticks.	젓가락을 사용해서 먹어라.
Where are your manners.	예의 바르게 받아야지.
Don't spill it.	쏟지 말아라.
Will you clean the table.	식탁을 닦으렴.
Don't eat food that's been on the floor.	바닥에 떨어진 건 주워 먹지 말아.
It's full of germs.	세균 투성이니까.
Wow, water is boiling.	와, 물이 끓고 있네.
Can you peel the potato?	감자 껍질 벗겨 주겠니?
I need a can opener.	깡통따개가 필요한데.

2. 자기 전에 하는 표현

영어표현	의미
Put your pajamas.	파자마 입어라.
It's time to get ready for bed, sweet dreams.	잘 시간이다. 좋은 꿈 꿔.
I'll read you a story.	책 읽어 줄께.
Honey, will you tuck lina in?	여보, 라니 좀 재워 줄래요?

3. 모양새에 관한 표현

영어표현	의미
Wash your face.	얼굴을 씻어라.
Brush your teeth.	이를 닦아라.
Spit it out.	퉤, 하고 뱉어.
You'll get cavities.	너 이가 썩는다.
Comb your hair.	머리 빗어라.
I'll give you a haircut.	머리 잘라 줄께.
Your head itches? I'll wash your hair.	머리 가렵니? 머리 감겨 줄께.
Let me cut your fingernails.	손톱 잘라야겠다.
Stay still/Freeze.	가만히 있어라.

영어표현	의미
Can you take off/put in your pajamas by yourself.	혼자 파자마 벗을 수 있지? 입을 수 있지?
Can you fold your pajamas neatly.	파자마를 잘 지킬 수 있지?
Mommy will show you how to tie a shoelace.	운동화 끈 매는법을 가르쳐 줄게.
What do you want to wear today?	오늘은 뭘 입을래?
Do you like my new hat?	내 새 모자 어때?
Your new bag looks neat!	새 가방 정말 멋진데.
Button your shirt.	셔츠 단추를 끼워.
Zip your jeans up.	청바지 지퍼를 올려

4. 배변에 관한 표현

영어표현	의미
Flush the toilet.	변기 물을 내려야지.
Dry your hands.	손을 닦아라.
You wet your bed.	오줌 쌌구나.
Here are your underpants. Put them on.	팬티 여기 있다. 갈아입어.
Sit on the potty.	변기에 앉아.
I'll wipe/clean your bottom.	엉덩이 닦아 줄게.
Let me change your diaper.	기저귀 갈아 줄게.
You are out of diapers.	넌 이제 기저귀 차지 않아도 돼.

5. 놀이에 관한 표현

영어표현	의미
Let's play with blocks.	적목으로 놀자.
Let's enjoy a jigsaw puzzle.	퍼즐놀이 하자.
Let's enjoy crafts.	공작하자.
Let's play with trains.	기차놀이 하자.
Let's play house.	소꿉놀이 하자.
You pretend to be mommy.	네가 엄마 해.
Let's draw some pictures.	그림 그리고 놀자.

영어표현	의미
Yes. Let's!	좋아요!
Let's play cat's cradle.	실뜨기를 하자.
Got it?	알았니?
Why don't we write some letters?	글자 좀 써 볼래?
Why not!	알았어요.
I can't color birds nicely.	새 그림에 색깔이 칠해지지 않아.
Yes, you can.	넌 할 수 있어.
Let's go/play outside.	밖에서 놀자.
Let's play tag.	술래잡기 하자.
Let's play catch.	캐치볼을 하자.
Let's jump rope.	줄넘기 하자.
Kick the ball to mommy.	엄마한테 공을 차.
Throw the ball as far as you can.	벽을 향해 공을 던져.
Let's play on the swing.	가능한 한 멀리 던져 보렴.
Let's go down the slide.	그네 타자.
Let's climb on the jungle gym.	미끄럼 타자.
Let's play in the sandbox.	정글짐에 오르자.
It's my turn.	모래놀이 하자.
Go to the end of the line.	내 차례야.
Be nice with your friend.	맨 뒤에 가서 서.
We had a lot of fun.	재미있었지.
You're picking up fallen leaves.	낙엽을 줍고 있구나.
Let's sing a song with actions.	동작을 붙여서 노래 부르자.
Is everybody ready?	모두 준비 됐니?
Let's takes a boat ride.	보트에 타자.
Do you want to ride a tricycle?	세 발 자전거 타고 싶어?

6. 병/상처에 관한 표현

영어표현	의미
You have a runny nose.	목이 아프구나.
You are coughing.	설사하고 있어.

영어표현	의미
You have a sore throat.	콧물이 나네.
You have diarrhea.	기침을 하네.
You get well soon.	이 약을 먹으면 금방 나을 거야.
Mommy will take your temperature.	엄마가 열을 재 봐야겠다.
Don't fall down.	뒹굴지 마라.
Be careful not hit your head.	머리를 부딪치지 않도록 조심해.
Don't trip.	발을 헛딛지 마라.
Oh, no. You cut your finger.	아, 손가락을 베었어.
Ouch!	아야!
Don't worry. You'll feel better so.	괜찮아. 곧 나을 거야.
You can wear a bandage.	밴드 붙여 줄께.

7. 상황에 따라 쓰는 표현

영어표현	의미
What's the matter?	어떻게 된 일이니?
You're in a bad mood.	기분이 좋지 않구나.
Don't cry and shout with no reasons.	떼쓰지 마라.
Please stay home.	집에 있어라.
Don't fight / Be nice.	싸우지 마.
Don't be mean to your sister.	동생 괴롭히지 마라.
Do you want to push the cart?	쇼핑 카트 밀고 싶니?
Do you want to push the elevator button?	엘리베이터 버튼 누를래?
Don't get lost.	미아가 되지 않도록 해.
Stay put.	거기 그대로 있어.
Darling, that's enough!	충분하지 않니?
It's a little embarrassing, isn't it?	창피하지 않니?
Stop that!	그만 두지 못해.
Give me a break!	적당히 좀 해라!

영어표현	의미
Don't make such a mess!	어질러 놓으면 안 돼!
Put your toys away or I'll throw them all.	장난감 정리 잘 하지 않으면 버릴 테다.
Clean up your room.	방을 좀 치워라.
Put litter in a trash can.	쓰레기는 쓰레기통에 넣어라.
Where is your doll?	인형 어디 있니?
I'll buy you a picture book.	그림 책 사 줄게.
I can't find my nail clipper.	손톱 깎기가 보이지 않는구나.
My comb is missing.	빗이 어디 있는지 보이지 않네.
I must wash the dishes.	접시를 씻어야 해.
I have to iron my shirt.	셔츠를 다려야 해.
Give me a clothespin.	빨래집게 접어주겠니.
How tall is lina?	리나 키가 얼마지?
She is 120 centimeters tall.	120 센티미터야.
How much does Jin-woo weigh?	진우 체중은?
He weights 16 Kilos.	16 킬로그램이야.

제2강 | 실제 적용의 예 2

학습개요

1. 식단을 정하면서
2. 음식을 만들면서
3. 상을 차리면서
4. 식사하면서
5. 설거지하면서
6. 간식시간
7. 텔레비전을 보면서
8. 청소하면서
9. 아이에게 주의를 주면서
10. 아이에게 정리하게 하면서
11. 심부름시킬 때

1. 식단을 정하면서 What do you want for dinner today?

Mom: jin-hee, what do you want for dinner today?

Jin-hee: I want to eat curried rice.

Mom: OK. Let's eat curried rice.

Jin-hee: Yeah, it sounds good.

Mom: Can you get me an onion, a potato, a carrot and some meat from the fridge?

Jin-hee: OK. Here they are.

Mom: Thank you.

Jin-hee: I want to help.

Mom: OK. Let's peel off the vegetable skin first. Then wash them with water. Isn't that easy?

Jin-hee: let me do it, Mom.

Mom: OK. Can you wash the carrot and the potato?

Jin-hee: I'm done.

Mom: Good job. You're a good girl.

2. 음식을 만들면서 Let's fry them in the pan.

Mom: Then, we have to cut potatoes into squares.

Jin-hee: I want to do it, too.

Mom: No. It's dangerous. Let me do it.

Jin-hee: OK, Mom.

Mom: OK. Now, we fry them in a pan.

Jin-hee: Can I do that, Mom?

Mom: Sure. Can you get the pan?

Jin-hee: OK, Mom. Where is it?

Mom: It's under the sink.

Jin-hee: I found it./I got it. Here it is.

Mom: Now, let's add water and boil the vegetables.

Jin-hee: When do you put the curry in?

Mom: That's the last step. We have to soften the powdered curry in water. Now, we can boil it.

Jin-hee: How do you cook rice?

Mom: OK, watch me. You have to wash the rice with water a couple of times. Then put the rice in the rice cooker. Next, add water. That's it. Isn't that easy?

3. 상을 차리면서 Let's set the table.

Mom: Dinner is almost ready. Put spoons and chopsticks on the table.

Jin-hee: Put the water cups, too?

Mom: Yes, put the side dishes on the table as well.

Jin-hee: OK, Mom.

Mom: Tell your dad dinner is ready. Call your brother, too.

Jin-hee: OK. Mom.

Mom: Tell your dad dinner is ready. Call your brother, too.

Jin-hee: OK, Mom. Dad, dinner is ready! Jin-woo,

Mom: Did you all wash your hands? Let's eat before it gets cold.

Jin-woo: Wow, it looks yummy!

Kids: Thank you for dinner!

4. 식사하면서 Eat slowly and chew your foodbefore you swallow

• 성급히 먹을 때

Mom: Eat slowly and chew your food before you swallow.

Jin-woo: It's too hot.

Mom: OK, then take some food in a small bowl. Here's a bowl.

Jin-woo: (Nods).

Mom: Tell your dad dinner is ready. Call your brother, too.

Jin-hee: OK. Mom.

- 입안에 음식을 가득 넣고 이야기할 때

Mom: Don't talk with your mouth full.

Jin-woo: Why not?

Mom: Your food will spray all over./Because it's impolite.

Jin-woo: OK. I'll be careful

- 숟가락이나 젓가락 사용을 어려워할 때

Mom: Use the spoon. (for your rice) use the chopsticks. (for the side dish).

Jin-woo: I can't. I want to use a fork.

Mom: We need to practice using chopsticks. Look. Like this. Let's try it.

Jin-woo: Like this?/Is this right?

Mom: Good. Well done.

- 식탁에서 장난칠 때.

Mom: Don't play at the dinner table. Don't play with your food.

Jin-woo: OK.

- 음식을 항상 남길 때.

Mom: Finish the food on your plate./Clean up your bowl. Then you will grew tall.

Jin-woo: OK.

- 편식을 할 때

Mom: Don't pick at your food.

Jin-woo: But I don't like this.

Mom: Eat your food so that you will grow tall. Come on, my son.

Jin-woo: OK.

Mom: Is it delicious?

Jin-woo: No.

- 식욕이 왕성한 아이를 위하여

Mom: Do you want more?

Jin-woo: Yes, please. Just a little more.

Mom: Don't eat too much. Your tummy will hurt.

- 다 먹었을 때

Mom: Do you want more?

Jin-woo: I'm full. No, thank you. Thanks for the dinner, Mom.

- 식사가 다 끝났을 때

Mom: Are you full?

Jin-woo: Yes, I'm full. It was a good dinner, Mom.

5. 설거지하면서 Can you put the empty dishes in the sink?

Mom: Can you put the empty dishes in the sink?

Jin-hee: OK.

Mom: I'll do the dishes.

Jin-hee: Can I help?

Mom: It's OK. But you can wipe the table.

Jin-hee: Where is the dishcloth?

Mom: Here.

Jin-hee: Mom, I'm done.

Mom: Can you put this in the trash can?

Jin-hee: Phew, it stinks. Can you do it, Mom?

Mom: OK. Thank you, my daughter.

Jin-hee: You're welcome.

Mom: You can go now.

6. 간식시간 What do you want for a snack?

Mom: Are you hungry?

Jin-woo: Yes, I want something to eat.

Mom: What do you want for a snack? Do you want cookies and milk, or, dokbokki?

Jin-woo: I want dokbokki.

Mom: Alright. It's coming right up./coming right up. Wait.

Jin-woo: Is it ready, Mom?

Mom: Please share with your sister./Share it. Call your sister.

Jin-woo: Mom, it's too hot. Can I have some water?

Mom: Here. Do you want more?

Jin-hee: No, thanks. Thank you.
Mom: OK. It's time to brush your teeth.

7. 텔레비전을 보면서 It's time for 'Go! Go! Giggles'.

Mom: Let's turn on the TV. It's time for 'Go!Go!Giggles'
Jin-hee: OK.
Mom: The commercial is on now. It will start soon.
Jin-hee: OK.
Mom: Don't sit too close. You'll hurt your eyes. You'll hurt your eyes.
Jun-hee: But I want to sit close to the TV.
Mom: No. Go sit on the sofa.
Jin-woo: OK. Mom, the show is over. I want to watch the video now.
Mom: OK, what do you want to watch?
Jin-hee: I want to watch cartoons. I want to watch cartoons. I want to see 'Toy Story'.
Mom: Where's that tape? Here it is.
Jin-hee: Mom, hurry please!
Mom: Wait a minute. I'm rewinding it. OK, it's ready.
Jin-hee: Mom, let's watch it together. It's really funny.
Mom: OK. But go play after the cartoon. It's not good to watch too much TV.
Jin-hee: Can I watch it a little longer, mom?
Mom: You've watched it too long./You've watched it enough. OK, now. Turn off the TV and VCR.
Jun-hee: OK.
Mom: Did you turn them off?
Jin-hee: Yes, I did.
Mom: What time is it now?
Jin-hee: It's four thirty.
Mom: It's time to clean the house.

8. 청소하면서 Clean up your own mess.

Mom: OK, let's all clean up now.

Jin-hee: Can we do it later, Mom?

Mom: No. You have to clean up your own mess.

Jin-hee: OK.

Mom: Can you open the window?

Jun-hee: I already did.

Mom: It's too dusty. We have to brush away the dust. If we don't clean, we'll breathe in all this dust. You can go tidy up your toys in your room. Tidy up the books, too.

Jin-hee: OK. I cleaned up the toys, I also cleaned the books. OK, Mom?

Mom: Put the garbage in the garbage can.

Jin-hee: Mom, where's Jin-woo? I want him to help me clean up.

Mom: Jin-woo, come clean up the room with your sister.

Jin-woo: I'm over here.

Mom: Are you finished? Can I vacuum the room now?

Jin-woo: Just a minute. We're not done yet.

Mom: Can you bring the vacuum cleaner?

Jin-hee: Here, Mom. Phew! It's really heavy.

Mom: OK, Thanks. You're a good girl.

Jin-hee: Mom, I'll tidy up the shoes.

Jin-woo: Mom, I'll clean the newspapers. Should I put them over there?

Mom: You are such good guys.

Jin-hee: Mom, are you happy because we helped?

Mom: Yes, I am.

Jin-woo: Now, it's time to wipe the floor.

Mom: Do you want to race?

Jin-woo: I won.

9. 아이에게 주의를 주면서 Get along with each other.

Mom: Don't run in the house. Slow down. You might fall down.
Jin-woo: OK.
Mom: Don't jump off the sofa. You might get hurt.
Jin-woo: But, it's fun.
Mom: I said no. No means no! A good boy doesn't do that.
Jin-woo: Mom, She's hitting me.
Mom: Don't fight. Be nice to each other.
Jin-woo: But he keeps bothering me! Make him stop.
Mom: Calm down. Don't throw a fit. Don't bother your sister, Jin-woo.
Jin-woo: You always take her side.

10. 아이에게 정리하게 하면서 Clean up, now.

Mom: You two sit down and play like nice kids. Don't bring your toys out to the living room. We just cleaned. It's messy again.
Jin-hee: We'll clean them.
Mom: What are you doing? Clean up now.
Jin-hee: Don't worry, Mom.
Mom: I said clean up now! You need to be spanked.
Jin-hee: OK, OK. We'll clean up, now.
Mom: Stop acting silly, OK?
Jin-hee: I got yelled at because of you.
Jin-woo: No, It's because of you.
Jin-hee: Hey, I'm older than you!
Jin-woo: I'm going to tell Mom on you.
Mom: sit over there. You two need a timeout. Stay here and think about what you did. Do you understand why what you did is wrong?
Kids: I'm sorry.

11. 심부름시킬 때 Can you get a piece of tofu from the store?

Mom: The door is open, Jin-hee. Go close the door, please.

Jin-hee: OK. I did.

Mom: Who turned on the bathroom light? Turn it off, please.

Jin-woo: OK, I'll do that.

Mom: Can you get a piece of tofu from the store?

Jin-hee: OK. Can I have some money? Mom, can I buy a snack?

Mom: Alright. You can get a snack and a piece of tofu. Watch the cars and hurry back. The snack is five hundred won and tofu is a thousand won. Then how much is it all together?

Jin-hee: Mmm… one thousand five hundred won.

Mom: Right. I'll give you two thousand won, and get the change. OK. You're back already. Good job. How much change do you have?

Jin-hee: Two thousand minus one thousand five hundred is five hundred won.

Mom: That's right. You're good girl.

Jin-hee: Can I eat the snack now?

Mom: OK. But can you open the pantry door before you eat?

Jin-hee: OK.

제3강 | 장소별 영어표현 2

학습개요

1. 아이를 깨우면서
2. 옷을 입으면서
3. 학교(유치원)에 갈 준비를 하면서
4. 자유롭게 놀면서
5. 놀이터에서 놀면서
6. 만들기 하면서
7. 인지 놀이 하면서
8. 잠잘 준비를 시키면서
9. 목욕하면서
10. 용변 보면서
11. 손 닦으면서
12. 이 닦으면서
13. 욕실 청소하면서

1. 아이를 깨우면서 ake up. The sun is up.

Mom: The sun is up. Wake up.

Jin-woo: What time is it now?

Mom: It's already after seven. Hurry up. You're going to be late for school.

Jin-woo: Can I sleep a little longer?

Mom: Come on, get up.

Jin-woo: I'm up now.

Mom: Go to the bathroom and wash your face. Brush your teeth. Come on.

Jin-woo: OK.

Mom: Did you put some lotion on?

Jin-woo: I'm putting some on now.

Mom: Come here when you are done. I'll brush your hair.

2. 옷을 입으면서 hat do you want to wear?

Mom:What do you want to wear today?

Jin-woo:I don't know.

Mom:How about your red T-shirt and blue jeans?

Jin-woo: I like that.

Mom: Do you want suspenders or a belt?

Jin-woo: I want to wear the suspender please.

Mom: Here. Put on your socks. Afterwards come and get your breakfast.

Jin-woo: Yes, Mom. Where are my socks?

Mom: They're on the bed.

Jin-woo: I can't find them.

Mom: It's here. Look around before you call me.

Jin-woo: Mom, help me put on my socks. I can't do it.

3. 학교(유치원)에 갈 준비를 하면서 It's time to go to school.

Mom: it's time to go to school. Are you ready?

Jin-woo: No, not yet.

Mom: It's time to go now. Hurry up.

Jin-woo: Mom, where's my bookbag? I put it over here last night.

Mom: It's on your desk. You're going to miss your bus. Come on.

Jin-woo: Gee, it was right under my nose.

Mom: It looks like it's going to rain. Bring your umbrella today.

Jin-woo: OK, Mom. I want to wear sneakers today.

Mom: Be a good boy.

Jin-woo: Bye, Mom.

Mom: Have fun! Don't forget your hat.

Jin-woo: No, I don't want it today.

Mom: OK. Come home straight from school.

Jin-woo: OK.

4. 자유롭게 놀면서 Do you want to play with me?

Mom: Are you bored? Do you want to play with me? Let's play.

Jin-hee: Yeah!

Mom: What do you want to do? Do you want to play with blocks? Or do you want to play house?

Jin-hee: Mom, I want to play house. I'll be the mom. Mom, you'll be the dad.

Mom: Do you want to play something else? How about a word game?

Jin-hee: OK. But I want to keep it short.

Mom: Alright. Let's put the toys back now.

Jin-hee: It's done.

5. 놀이터에서 놀면서 Do you want to ride the seesaw?

Jin-woo: Mom, can we go to the playground?

Mom: OK. Are you ready to go?

Jin-woo: Yes. Mom, I want to take my bike.

Mom: OK. But you have to be careful.

Jin-woo: OK.

Mom: Do you want to ride the seesaw?

Jin-woo: Yeah, it's fun.

Mom: Come here. Do you want to play in the sandbox?

Jin-woo: OK.

Mom: What did you make? Mom made a toad's house.

Jin-woo: I made a sand castle. It's a awesome, isn't it?

Mom: Yes, it looks great. OK, let's go home now.

6. 만들기 하면서 Do you want to do origami?

Mom: Do you want to do origami?
Jin-hee: Yes. Mom, make me a boat please.
Mom: Look. You fold it like this.
Jin-hee: I made it, too.
Mom: Good. It's a great boat.
Jin-hee: Mom, make me a rabbit now, please.
Mom: Follow me. It's easy.
Jin-hee: I can't. You do it.
Mom: You can do it. I'll show you one more time.
Jin-hee: Like this?
Mom: That's right. Very good.
Jin-hee: Where are the scissors and the glue?
Mom: Let's look for them. Put some glue here and …
Jin-hee: Here they are.
Mom: Cut here like this. It's done.
Jin-hee: Like this?
Mom: Very good.

7. 인지 놀이 하면서 What do you want me to read?

Jin-hee: I want to draw now.
Mom: Here are the paper and crayons.
Jin-hee: Mom, what should I draw?
Mom: Anything you want.
Jin-hee: OK. I'm finished.
Mom: That's a great picture. Do you want to do some more drawings?
Jin-hee: No. Can you read me a story book now?
Mom: What do you want me to read? Do you want to pick out a book?

Jin-hee: Can you read 'The Ugly Duckling'?

8. 잠잘 준비를 시키면서 It's time to go to bed.

Mom: It's already 10 o'clock. Get ready for bed now.

Jin-woo: I want to stay up a little longer.

Mom: No. You should go to bed now. You have to get up early tomorrow. Go wash your face and feet. Don't forget to brush your teeth.

Jin-woo: OK.

Mom: Are you ready?

Jin-woo: I'm washing my feet now.

Mom: Go to your room now. Put your pajamas on, and get in bed.

Jin-woo: Mom, read me a story.

Mom: OK. I will. Put the blankets over and listen.

Jin-woo: OK.

Mom: Good night and sweet dreams. See you in the morning. I'm turning off the light.

9. 목욕하면서 Let's take a bath.

Mom: Let's take a bath.

Jin-woo: Yeah! OK. Mom, I want to play in the tub.

Mom: let's fill the bathtub with water first.

Jin-woo: Wow, that's a lot of water. It looks like a pool.

Mom: Take your clothes off and get in the tub.

Jin-woo: It's really fun.

Mom: OK, now let's stop playing and wash up.

Jin-woo: I want to play more ….

Mom: No, you'll catch a cold if you stay in the water too long.

Jin-woo: OK.

Mom: Let's wash your hair first. Put your head down. Can you pass the shampoo?

Jin-woo: OK.

Mom: Close your eyes. Shampoo your hair first. Let's rinse now. OK, it's done. You can open your eyes now. Can you pass the soap?

Jin-woo: Here.

Mom: Let's wash with soap, and then scrub.

Jin-woo: No, don't scrub me. It hurts.

Mom: But you need it.

Jin-woo: OK. But don't scrub too hard.

Mom: OK. We're done./ All done. Now, let's rinse with clean water. Do you feel great?

10. 용변 보면서 Do you want to go to the bathroom?

Mom: Do you want to go to the bathroom?

Jin-woo: Yes, I do.

Mom: Do you want me to come?

Jin-woo: Yes.

Mom: Do you want to pee or poop?

Jin-woo: I want to poop.

Mom: Are you done?

Jin-woo: Yes.

Mom: Clean your bottom. It's done. That a boy!

* poop: go to stool

11. 손 닦으면서 Wash your hands with soap.

Mom: Is that you, Jin-hee?

Jin-hee: Yes, I am home.

Mom: Always wash your hands when you come home from outside. Go wash your hands.

Jin-hee: OK.

Mom: Wash your hands with soap. Dry your hands after.

Jin-hee: OK, give me a towel please.

Mom: It's in the bathroom, on the towel rack.

12. 이 닦으면서 Always brush your teeth after a meal.

Mom: A good boy always brushes his teeth after a meal. Come on, go.

Jin-hee: In a minute, Mom.

Mom: Come on. If you don't brush, you will get many cavities.

Jin-hee: OK.

Mom: Put some toothpaste on the toothbrush.

Jin-hee: This much.

Mom: Yes. Brush for 3 minutes. Brush up and down and get all the corners in your mouth. OK, let's gargle now.

Jin-hee: (Nods)

Mom: Look into the mirror. Who is that in the mirror? You look so clean and handsome.

13. 욕실 청소하면서 I have to clean the bathroom.

Mom: Go outside when you're done. I have to clean the bathroom.

Jin-woo: It smells bad in here.

Mom: It will be better after cleaning. Leave before you dirty your clothes. Come on.

Jin-woo: OK.

Mom: We're out of toilet paper. Can you get one from the storage room?

Jin-woo: Here you are, Mom.

Mom: Thanks. You're a good boy.

Jin-woo: Mom, do you want me to do anything else?

Mom: Yes. Can you go get the garbage can?

Jin-woo: Here, Mom.

Mom: Can you do one last thing? Put these clothes in the laundry basket.

Jin-woo: OK. It's done.

Quiz

Q1. "가리지 말고 먹어라"는 표현은? (　　)

① Don't be choosy. ② Try this one.

③ Don't choose the side dishes. ④ Eat all.

Q2. "잘 시간이다"라는 표현이 아닌 것은? (　　)

① It's time to get ready for bed. ② It's time to go to bed.

③ You have to sleep now. ④ You have to lie down.

Q3. 올바른 영어표현이 아닌 것은? (　　)

① Wash your face. ② Brush your teeth.

③ Comb your hair ④ Put off your pajamas.

Q4. 올바른 영어표현이 아닌 것은? (　　)

① You have a runny nose. ② You are coughing.

③ You have a sore throat. ④ You have many diarrhea.

Q5. "떼쓰지 마라"를 영어로 표현해 보시오.

Q6. "저녁에 무엇을 먹을까?"를 영어로 표현해 보시오.

| 부 록 | 영어교육자료 사이트 안내

◈ **파닉스랜드** http://www.phonicsland.com
언어교육언과 이퓨처가 공동 개발한 사이트로 첫 화면부터 만화영화의 한 장면을 연상시킨다. 알파벳 기초부터 영어 읽기와 쓰기를 학습할 수 있다. 퍼블, 매칭, 크로스워드 등 150여가지 게임을 할 수 있다. 영어를 처음 배우는 아이에게 유익하다.

◈ **리틀팍스** www.littlefox.co.kr
영어동화, 영어 동요전문 사이트이다. '햇님과 달님' 같은 100여 권의 동화를 음성과 함께 동영상으로 제공한다. 큼직한 글씨와 알록달록한 화면은 산만한 아이들의 시선을 한 곳에 붙잡아 둘 수 있다. 정답을 클릭하면 외국인이 "Yes."라고 대답하는 다양한 게임이 볼거리이다.

◈ **와삭 닷컴** http://www.wasac.com
영어를 가르친다기보다 영어로 노는 방법을 알려주는 사이트라고 할 수 있다. 게임, 노래, 채팅 등의 콘텐츠에 애니메이션 기법을 가미하여 흥미도를 높였다. 사전을 클릭하면 알록달록한 키보드 자판과 초등학생에게 필수인 단어가 나온다. 예를 들어 Balloon을 누르면 '풍선'이라는 뜻과 함께 움직이는 풍선 그림이 나타난다. 외국인의 원어 발음도 함께 들을 수 있다.

◈ **어린이들을 위한 스토리북** http://www.magickeys.com/books/index.html
알파벳을 처음 배우는 어린아이에서부터 중고등학생에 이르기까지 영어를 공부하는 데 도움이 되는 사이트다. 쉬운 단어와 큰 글자, 글자보다 많은 만화로 되어 있어 아이들의 호기심을 자극하는 데 그만이다. 만화그림을 통해 알파벳을 재미있게 배우는 '어린이용 이야기책'에서는 A에서 Z까지 각 단어와 함께 움직이는 그림을 보여주고, 그 단어를 활용한 간단한 문장까지 예로 보여준다. 소, 돼지, 오리, 닭, 염소 등 농장에서 키우는 동물들과 기린, 호랑이 같은 야생 동물의 그림과 함께 생김새, 울음소리 등을 묘사한 문장은 어린아이들도 이해할 수 있도록 쉬운 단어로 되어 있다. 컴퓨터에 사운드 카드가 있으면 울음소리를 묘사한 단어를 클릭해 소리를 들을 수 있다.

◈ 재미있는 영어 동화책 http://www.sundhagen.com/babbooks

직업의 세계, 알파벳 학습 등 아이들이 쉽게 읽을 수 있는 동화 6편이 들어 있다. 쉬운 단어와 짧은 문장으로 되어 있어 영어문장을 배우기 시작하는 아이들도 어렵지 않게 읽을 수 있다. 프린트해서 하루에 한 장씩 아이에게 주면 훌륭한 영어 교재로 쓸 수 있다. 홈페이지 화면에서 Adlib을 클릭하면 빈칸에 알맞은 단어를 써넣어 아이가 직접 이야기를 만들 수 있다.

◈ 아이들이 좋아하는 공룡

http://www.EnchantedLearning.com/subjects/dinosaurs/

공룡은 어떤 동물이며, 어떤 종류가 있는지 등 공룡에 대한 모든 것을 알아볼 수 있는 사이트다. 공룡을 좋아하는 아이들에게 영어를 가르치기에 적합하다. 프린트해서 색칠 놀이를 할 수 있는 30여 가지 컬러링 밑그림이 있어 모두 인쇄해 모으면 훌륭한 공룡영어책을 만들 수 있다.

◈ 크레욜라 http://www.crayola.com

세계적인 크레용 회사인 크레욜라의 홈페이지다. 크레용을 어떻게 만들며, 크레용을 어떻게 사용하는지, 또 크레욜라 크레용이 어떻게 탄생되었는지가 자세히 나와 있다. 아이들의 그림 공부에 도움이 되는 다양한 색칠 놀이 교재, 미로 찾기, 공작 교실, 그림 완성하기, 명화 감상, 접속한 상태에서 이야기를 꾸며가는 온라인 이야기 만들기 등 다양한 학습 활동을 할 수 있다. 특히 취학 전 어린아이들을 위한 Preschool은 1부터 10까지 숫자와 A부터 Z까지 알파벳을 색칠하면서 배울 수 있어 처음 영어를 배우기 시작하는 아이들에게 권할 만하다.

◈ 그림 영어 사전 http://www.enchantedlearning.com/dictionary.html

A부터 Z까지 알파벳 순서대로 나와 있는 인터넷 그림 영어 사전이다. 알파벳 학습은 물론이고 단어도 배울 수 있다. 그림 영어 사전에 나오는 단어가 그 단어와 관련된 다른 사이트에 링크되어 있어 그림을 클릭하면 관련 자료가 있는 다른 사이트로 곧바로 이동한다. A를 클릭하면 비행기(Airplane), 동물(Animal), 사과(Apple)등 A로 시작하는 62개의 단어가 그림과 함께 나타난다. 단어의 뜻도 아주 쉽고 간단하게 설명되어 있어 아이들에게 영어 문장 연습을 시킬 수도 있다. 또 설명과 함께 그림도 있어 영어글자를 읽지 못하는 취학 전 어린아이들도 엄마나 아빠가 도와주면 얼마든지 인터넷 여행을 할 수 있다.

◈ LG전래동화 http://story.lg.co.kr:3000/index.jsp

한국 LG사에서 제작한 어린이를 위한 사이트다. 전래 동화 시리즈, 아인슈타인의 우주, 인터랙티브 유치원, 영어를 배우자 등 각종 교육용 자료가 많다. '영어를 배우자' 방에 들어가면 나무 상자 넥O가 나오는데 그 안에는 유형이 다른 영어 문제가 들어 있다. 어떤 상자를 클릭하면 개구리가 튀어나와 이 개구리의 수를 세면서 영어로 수를 세는 방법을 익힐 수 있다.

◈ 월트디즈니 http://disney.go.com

디즈니사에서 제작한 만화영화, 음악, TV 쇼, 테마 파크를 만날 수 있다. Fun&Games 코너에는 어린이들이 좋아하는 만화영화 '토이 스토리'와 '포카혼타스' 등의 비디오 클립과 원더랜드 색칠 페이지 등 많은 게임이 있다. 월드 방문, 팬클럽, 가족을 위한 오락 등 다양한 내용을 담고 있다. 좋은 장난감들을 소개받을 수 있으며 꽃다발을 주문할 수도 있다. All for fun, Frafts and games, Playing with food 등 영어로 놀 수 있는 내용들이 디즈니 이름에 걸맞은 아름다운 영상과 더불어 제공된다. Edu-station에서는 현직 교사들에 의해 이미 실험, 증명된 훌륭한 수업 아이디어들을 나눌 수 있다.

◈ **키드존** http://www.home.netscape.com/kids/index/html

e-mail로 동영상 카드를 보내거나 게임을 즐길 수 있다. 펜팔할 친구를 만날 수 있으며 컴퓨터 게임을 즐길 수 있다. 다양한 취미생활(만들기, 책읽기, 만화, TV, 장난감)등에 대한 정보를 나눌 수 있으며 숙제에 대해 문의할 수도 있다. 유명한 Sesame Street 프로그램도 포함되어 있다.

◈ **라이코스 존** http://www.lycoszone.com

어린이들을 위한 컴퓨터 게임과 숙제 도우미, 취미생활 정조가 담겨 있다.

◈ **텔레토비** http://www.bbc.co.uk/education/teletubbies)

영국 BBC 방송국에서 만든 텔레토비 공식 홈페이지로 보라돌이(Twinky Winky), 뚜비(Dipsy), 나나(Laa Laa), 뽀(Po)에 대한 신상정보를 얻을 수 있다. 텔레토비그림을 그려 전송하면 전시해 주는 갤러리 외에도 공작, 과학 학습, 액티비티 정보를 120개도 넘게 제공한다. 마우스를 움직이면 그 움직임을 따라 마술지팡이에서처럼 별가루가 떨어지는데 한번 방문해 보시길.

◈ **세서미 스트리트** http://www.sesameworkshop.org/sesamestreet/

AFKN을 통해 늘 만날 수 있는 Sesame Street 어린이 프로그램은 알파벳부터 단어 읽기까지 영어 학습을 이끌어 준다. 이 사이트에서 특별히 Preschool Playground 버튼을 누르면 이야기책뿐 아니라 알파벳이나 파닉스 그림 자료를 얻을 수 있다.

◈ **동화읽기** http://www.bookadventure.lycos.com

어린이뿐 아니라 교사와 학부모에게도 적절한 내용들을 분류해서 담아 놓았다. 책을 읽은 사람에게 상을 주는 프로그램도 있다.

◈ **읽어주는 영어동화** http://www.candlelightstories.com/Radio.htm

다운로드해서 영상과 함께 들을 수 있는 영어 동화로 백설공주, 피노키오처럼 잘 알려진 동화부터 새로운 내용의 동화들까지 담겨 있다. 이야기마다 읽었을 때의 시간(예를 들어 3분 51초, 5분 30초 등)이 적혀 있어 선택에 도움이 된다.

◈ Dr. Suess http://www.randomhouse.com/seussville

유명한 Dr.Suess's 캐릭터들을 가상공간에서 만나 놀 수도 있고 함께 이야기도 나눌 수 있다. 게임에서 이기면 상을 주기도 한다. Dr. Suess의 책들(Cat in the Hat, Sam I am, Dr. Suess's ABC 등)을 읽은 후 병행할 수 있으면 효과 만점.

◈ **보너스 놀이동산** http://www.bonus.com

어린이들이 참여하여 상상하고 나래를 펼칠 수 있는 다양한 액티비티들이 준비되어 있다. Word Game이나 Board Game 등은 교사들이 다우로드 받아 수업 시간에 활용이 가능하다.

◈ **교육 데이터베이스** http://www.education-world.com

우수 사이트로 평가받은 이 사이트는 약 12만 개의 관련 사이트와 연결되어 있는 엄청난 규모의 데이터베이스로 교육자들을 위한 교육 사이트 이다.

◈ **부모 도우미** http://www.parentsoup.com

가장 인기 있는 부모 교육 사이트 중 하나로 자녀 교육과 관련되 full-service

를 제공한다. 아이별로 자녀/학생의 연령을 좁혀 들어가면 필요한 자료와 교구, 아이디어, 학습지 등도 제공받을 수 있다.

◈ **단어/문법과 수학** http://www.funbrain.com

학생(유아부터 중학생)과 학부모를 위한 학습 교육 자료가 빼곡히 담겨 있다. 단어를 색칠하고 농구 게임을 통해 수학 공부를 하며 고릴라의 도움으로 문법을 공부할 수 있는 게임들이 학습 의욕을 높여 줄 것이다.

◈ **부모 도우미** http://www.escore.com

parent soup과 흡사한 성격의 이 사이트는 미국 동부에 위치한 하버드, 메사추세츠, 보스톤 대학의 교수들이 조언해 주는 상담 프로그램을 가지고 있는데 연령별로 자녀 양육을 도와주는 도우미 역할을 한다. 추천되는 교구나 아이디어는 언어뿐 아니라 전인격적 교육을 목표로 유용한 정보가 된다.

◈ **골든북스** http://www.goldenbooks.com

역사 깊은 어린이 서적 출판사는 가상공간 알파벳, 동물농장 숫자 세기, 포켓몬스터 색깔 익히기 등의 학습 자료로 즐거운 학습을 유도한다. 동화책을 구입할 수도 있지만 그저 둘러보아도 흥미로운 자료가 많다.

◈ **학부모 교육** http://www.familyeducation.com

미국 공교육을 관할하는 주요 기관들에 의해 지원되는 사이트로 학부모들이 호기심을 가질 교육 문제들을 주로 다루고 있으며 전문가와 직접 학교생활이나 자녀 교육에 관련된 상담도 할 수 있게 제작되어 있다. 우수도서를 추천하기도 하며 다운로드 받을 수 도 있게 제작되어 있다.

◈ **방과후 공부방** http://www.schoolspecialtyonline.com/

학생들이 방과 후 들어가서 공부하고 놀 수 있는 공부방으로 교육적이면서

도 아이들의 흥미나 관심에 맞게 프로그램이 짜여 있다. 유아부터 초등학교 학생까지 연령별로 프로그램이 짜여 있으며 교사를 위해서는 교안이나 프로젝트를 위한 아이디어도 제시한다.

◈ **홈스쿨링** http://www.teachchildren.com

다양한 교구를 구입할 수 있는 곳으로 무엇보다 홈 스쿨링(학교에 다니지 않고 집에서 공부하는 교육 방법. 공교육에 자신의 자녀를 맡기지 않으려는 학부모들이 집에서 공부시키는 방법)을 위한 커리큘럼이나 교안, 교재, 교구 등을 구입할 수 있다.

◈ **산타클로스** http://www.callmesanta.com

크리스마스를 맞으며 어린이들이 산타클로스에게 받고 싶은 선물의 희망사항을 적을 수 있도록 디자인되어 있다.

◈ **동화책** http://www.barnesandnoble.com, http://www.amazon.com

세계적으로 유명한 이 두개의 사이버 서점은 어린이 동화책을 주제별, 나이별로 부류하여 안내해 줄 뿐 아니라 Costomer Review를 통해 우수한 평가를 받은 책에 대해서는 별 1개부터 5개까지 등급을 매겨 정보를 제공해 주고 있는데 별 5개짜리 평가를 받은 책치고 소비자를 크게 실망시키는 예는 없다.

◈ **키즈 도메인** http://www.kidsdomain.com

다운로드할 수 있는 많은 게임들과 아이콘이 들어 있으며 뉴스레터를 읽을 수도 있고 어린이들이 좋아하는 포켓몬 게임 등 다양한 놀이나 프로그램을 소개하거나 가르쳐 준다. More sites 라는 버튼을 통해 영어 수학 과학 취미 등에 관련된 더 많은 사이트를 추천받을 수 있다.

◈ 참고문헌

▷교육부. 1996. 제6차 초등학교 교육과정 해설(IV):영어.

▷김성억. 1998. 제6차 유치원 교육과정.

▷김성억. 1997. Multimedia CD-ROM Title를 활용한 영어교육. 바른 영어교육, 6호, 29-35.

▷김숙희. 2004. 어린이영어 엄마가 가르쳐라. 조선일보사.

▷김진철, 고경석, 막약우, 이재희, 김혜련. 1998. 초등영어교재론. 학문출판사.

▷김진철. 1999. 초등영어지도법. 한국문화사.

▷박영순, 임영근. 2005. 영어동요 120곡. 교문사.

▷사라 필립스. 2002. 어린이 영어 교육: 듣기에서 문법까지. 범문사.

▷서현주. 2002. Let's play 베이비 OK 맘. 한울림.

▷신채기. 2000. 초등영어를 위한 아이디어 250. 홍익미디어 플러스.

▷윤소연. 2000. 유아영어교육 방법에 관한 교사의 인식조사 연구. 중앙대 교육대학원 석사학위청구논문.

▷이경우. 2001. 유아영어교육. 창지사.

▷이경우, Craig C. Merrill, 이은화, 곽향림, 이연승, 전지형. 2004. 유아영어교육의 이론과 실제. 창지사.

▷이도형. 1997. 멀티미디어 컴퓨터를 이용한 영어 의사소통 지도. http://edunet.nmc.nm.kr/elementary/practice/txte69.htm.

▷이완기. 2003 초등영어교육론. 문진미디어.

▷이윤신, 이은주, 강유선. 2004 챈트와 놀이 1, 2. 문진미디어.

▷정동빈. 2004. 유아놀이지도. 한국문화사.

▷정창교. 1997. CD-ROM 활용과 초등학교 영어 지도. http://edunet.nmc.nm.kr/elementary/practice/txte60.htm.

▷좌승화, 최미현, 천희영, 서현아. 2005. 유아를 위한 영어교육. 양서원.

▷류기영. 2004. The Wenny Man. (주)큰배움.

▷류기영. 2004. The Elves and the Shoemaker. ㈜큰배움.

▷Adams, M. J. 1990. *Beginning to read: Thinking and learning about print*. Cambridge. MA: MIT Press.

▷Asher, J. 1965. Learning Another Language through Actions: The Complete Teacher's Guide. Los Gatos, Ca: Sky Oads Publications. Total Physical Response activities.

▷Belvins, W. (1998). *Phonics from A to Z.* New York: Scholastic.

▷Brewster, J., Ellis, G. & Girard, D. 1992. The primary English teacher's guide. London: Penguin English.

▷Brown, D. 1980. Principles of Language Learning and Teaching. Englewood Cliffs, NJ.: Prentice Hall.

▷Brumfit, C.J. 1984. Communicative Methodology in Language Teaching:the Roles of Fluency and Accuracy. Cambridge: Cambridge University Press.

▷Bruner, J. 1977. The Process of Education. Cambridge, MA:Harvard University Press.

▷Chomsky, N. 1959. Review of Verbal Behaviour by B.F. Skinner. Language 35.

▷Chomsky, N. 1965. Aspects of the Theory of Syntax. Cambridge, MA:The MIT Press.

▷Cullinan, B. E. & Galda, E. 1994. Literature and the Child. Fort Worth, TX: Harcourt Brace & Company.

▷Ellis, R. 1986. Understanding Second Language Acquisition. London:Oxford University Press.

▷Gardner, R.C. & W.E. Lambert. 1972. Attitudes and Motivation in Second Language Learning. Rowley, MA.: Newbury House Publishers.

▷Geness, F. 1976. The role of intelligence in second language learning. Language Learning. 26/2. 267-80.

▷Griffin, J. & Bash, L. (Eds.). 1995. Computers in the Primary School London: Cassell.

▷Halliwell, S. 1992. Teaching English in the primary Classroom. London:Longman.

▷Heyde, A. 1979. The Relationship Between Self-Esteem and and the Oral Production of a Second Language. Unpublished doctoral dissertation.

University of Michigan.

▷Honig, B., Diamond L., & Gutlohn, L. (2000). *Teaching reading: Sourcebook for kindergarten through eighth grade*. Novato. CA: Arena Press.

▷Hulstijin, J. H. 1990. A Comparison Between the Information-Precessing and the Analysis/Control Approaches to Language Learning. Applied Linguistics 11(1).

▷Johnson, J. & E. Newport. 1989. Critical period effects in second language learning: The influence of maturational state on the acquisition of English as a second language. Cognitive Psychology. 21. 60-99.

▷Kippel, F. 1984. Keep Talking. Cambridge:Cambridge University Press.

▷Krashen, S. D. 1982. Principles and Practice in Second Language Acquisition. Oxford: Pergamon Press.

▷Lenneberg, E. 1967. Biological Foundations of Language. New York:Wiley & Sons.

▷Lightbown, P. M. & N. Spada. 1990. How Languages are Learned. Oxford University Press.

▷Littlewood, W. 1981. Communicative Language Teaching. Cambridge: Cambridge University Press.

▷Marcel Nottea. 1995. Computer Animated New Kid Song. 진프로덕션.

▷McNeil,D. 1966. Developmental Psycholinguistics. In F. Smith & G. Miller (eds.). The Genesis of Language:a Psycholinguistic Approach. Cambridge, MA.: The MIT Press.

▷Melanie Graham & Stanton Procter. 1999. Sing, Chant & Play. Moonjinmedia.

▷Patkowski, M. 1980. The sensitive period for the acquisition of syntax in a second language. Language Learning. 30/2. 449-72.

▷Piaget. 1936. The origins of intelligence in children. N.Y.: International Universities Press.

▷Savignon, S. 1983. Communicative Competence. Addison-Wesley.

▷Scott, W.A.& L.H.Ytreberg. 1990. Teaching English to Children. London: Longman.

▷Skinner, B. F. 1957. Verbal Behaviour. New York: Appleton Century Crofts.

▷Skinner, B. F. 1968. The Technology of Teaching. N. Y.: Appleton-Century Croft.

▷Slobin, D. 1966. Grammatical Transformation and Sentence Comprehension in Childhood and Adulthood. Journal of Verbal Learning and Berbal Behaviour 5.

▷Snow, C. & Hoefnagel-Hohle, M. 1978. The critical period for language acquisition: Evidence from second language learning. Child Development. 49/4. 1114-28.

▷Vacca, J. L., Vacca, R. T., Gove, M. K. , Burkey, L., Lenhart, L. S. & McKeon, C. (2003). *Reading and learning to read.* Boston: Pearson Education, Inc.

▷Vygotsky, L. S. 1986. Thought and language. Cambridge, MA.: MIT Press.

▷Watson, J. B. & R. Raynor. 1920. Conditional Emotional Reactions. Journal of Experiment Psychology3(1).

▷Warschauer, M. 1996. Computer-assisted language learning: An introduction. In S. Fotos (Ed.), Multimedia language Teaching (pp. 3-20). Tokyo: Logos International.

▷Warschauer, M. & Whittaker, P.F. 1997. The Internet for English Teaching: Guidelines for TTESL Reporter 30, 1, 27-33.

▷York, S. 1996. Roots and Wings:Affirming culture in early childhood program. St. Paul. MN. :Redleaf Press.